阅读为径，掬香满衣

台湾作家林清玄先生对"化妆"有一个非常形象的说法："三流的化妆是脸上的化妆，二流的化妆是精神的化妆，一流的化妆是生命化妆。"用什么来对精神和生命化妆呢？阅读！阅读是最简单、最可行的路径。

阅读是一个人最美的化妆。阅读为径，掬香满衣。

阅读是自己与伟大的灵魂交谈的方式。每一本书里，都住着一个人，藏着一种精神。读了《西游记》，你就知道了那个神通广大的孙悟空，懂得了人生取经路上要有不畏艰险的精神。细读《红楼梦》，你就了解了封建社会里一个家族的兴亡史，会慢慢知晓社会生活这部百科全书。一本薄薄的《老人与海》，让你深深知道一个人是不可能被他人打倒的道理；百部"人间喜剧"，让你深切体味到人世间的酸甜苦辣。你与鲁迅交谈，你与巴金闲聊，你与三毛说

旅行，你与路遥一同去感受那片深情的黄土地，于是，你收获了一个又一个充满趣味的故事，明白了一个又一个深刻而迷人的哲理。

阅读让一个人建构自己的精神世界。阅读，可以改变一个人的气质。一个人的阅读，会融入自己的血液，注入自己的精神，体现在自己的举手投足之间。曾国藩所说的"书味深者，面自粹润"就是这个道理。阅读，是与伟大的灵魂交谈，然后将这人类伟大的精神财富"占为己有"，让自己的灵魂慢慢成长、渐渐圆实，让自己也拥有一个伟大而有趣的灵魂。因为阅读，你会勇敢地面对一切困难，你会自立自强；因为阅读，你会不断超越自我、完善自我；因为阅读，你会丰富有趣，成为一个热爱生活的人；因为阅读，你会从容地面对社会，乐观地面对生活。

苏联著名的教育学家苏霍姆林斯基曾说："三十年的经验使我深信，学生的智力取决于良好的阅读能力。"一切学习都离不开阅读。有了阅读，语文学习中听说读写等理解和运用语言的问题，都会迎刃而解。阅读是"输入"，写作是"输出"。阅读是弓，写作是箭。有了阅读，在阅读中学习写作之法，就有了写作的基础。在阅读中学习写作，可以得到最基本的作文之法，比如尺水兴波，比如托物言志，比如人物描写，比如画龙点睛，等等。青少年就可以在阅读中慢慢进步，慢慢在阅读中提高写作能力。

阅读，是获取新知、拓宽视野的重要手段，也为一个人未来的发展提供源源不断的资源和能量。

　　黄庭坚说："三日不读书，便觉语言无味，面目可憎。"阅读，是一个人最美的化妆。要坚持阅读，要有自己合理的计划，将阅读当作一辈子的事。一个养成了阅读习惯的人，他的世界会更广阔，人生会更丰富。

　　阅读为径，掬香满衣。坚持阅读，你会美丽一生！

2020年4月·广州

目 录 contents

第一辑

每天都是新鲜的

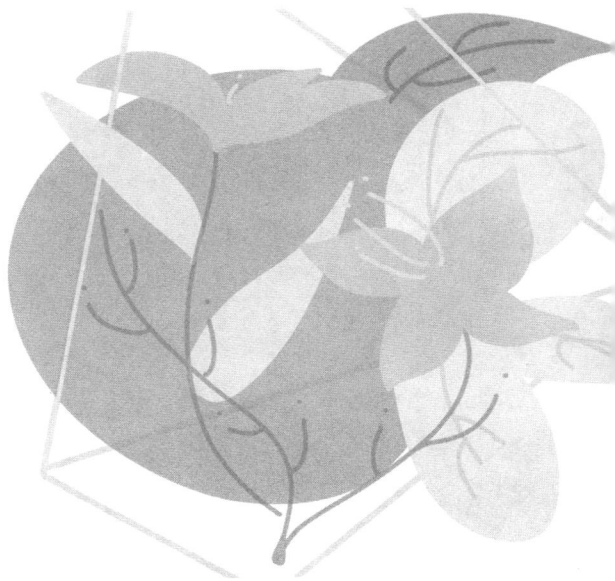

乡村正月灯火亲

这一年的正月，整整一个月，我住在乡村，住在生我养我的老家。

一场突如其来的新冠病毒疫情，像一阵狂风暴雪那样，封住了一座又一座城，也封住了乡村正月出行的道路。一家人，一大家人，封在了乡村的大家庭里。在外工作往常正月初六就要回城上班的我，每年在正月初八前后就要出门做生意的两个兄弟，连同三个小家庭里的家人，都封在了正月的乡村。

也好啊，乡村正月灯火亲哩。

不能外出，就在老家门口站一站吧。

乡村正月里，一棵正准备露头的小草儿，几只站在枯枝上的麻雀，它们都在亲近着你。你呢，也觉得一切可爱的小东西们都亲热地围在自己身边，因为，你站在乡村的正月里。那些灵性的小家伙们，会是你最好的伙伴。它们会让你想起，老家四十年前屋后的老柳树，想起老柳树上那个大如簸箕的鸟窝。鸟窝里住着叽叽喳喳的

喜鹊，每天早上准时将你唤醒。然后，你迎着朝阳，背着书包上学去。

隔离在家好几天，家中的菜不多了。就听见对面有人站在自家阳台上喊着："要青菜的话，到旁边菜园里随便摘一些啊，多的是呢……"那是好些年的邻居了，当年我们是要好的伙伴。炎炎的夏日里，我们一起跳到村子里的池塘游泳。也就几天时间，我们全身晒得像黑泥鳅一样，自然也学会了狗刨式、仰面式、潜底式等好几种无师自通的游泳招式。

大家庭里的厨房，人也多，大人小孩，帮忙的，帮倒忙的，都进来了。饭菜一熟，人多手多，不到两分钟就端到了大大的餐桌上。大家庭一共十三人，围着圆圆的餐桌正好，不多一人不少一人的样子。最小的兄弟拿起酒瓶，忙着斟酒。在昆明读初中的侄子，主动地拿着饮料，给爷爷奶奶先倒上。餐桌上热气腾腾，餐桌边的人笑意融融。待到吃完，小家伙们争着洗碗、擦桌子、扫地，又多了一番说笑。家里有人想提脚迈出家门口，家里的小家伙就会在后边叫道："不要串门！在村子里走走也要戴上口罩！"

晚餐之后是最热闹的。泡上一杯茶，然后拉开椅子隔开些距离，开始自由说话。最先关注的是每天的疫情，"无尽的远方，无数的人们，都与我有关"，我们关注着英雄之城武汉，关注着全国的疫情发展，更关注着疫情中那些鲜活的个体形象。"身着白衣，心有锦缎"，我们被那些英勇的医护人员一次又一次地感动着。大家也会谈到这新的一年大家庭里每个人的发展，说到我的工作变化，说到大弟的生意情况，说到小弟的公司发展，还会说到几个孩子的学习与进步。我们更关心着爷爷奶奶的病情，爷爷心脏病的处理方式，奶奶腿疼的好转……一旁的孩子们开始了居家锻炼，转呼啦圈，跳绳，有时还唱歌儿。到了晚上，有段时间会一起追剧，那个孙红雷主演的电视剧《新世界》，每天两集，看完了还会一起对剧情讨论几句。偶尔，有人就会拿出扑克，说着"玩扑克，比智力"，然后就会有人响应，开始扑克大战。

汪曾祺先生曾说："家人闲坐，灯火可亲。"这是一幅多么美好幸福的画面。

国有灾难，我在正月里是没有动笔写一个字写一篇文章的，默默关注，算是自己心中的一种纪念仪式。如果下午的阳光正好，我会捧着一本书，泡上一杯茶，坐在阳光下，用身体挡住阳光看书。先是阅读大作家贾平凹先生的《山本》，在书中同样感受着中华儿女曾经经受的苦难，我的心情仍然是沉重的。后来阅读余秋雨先生的《中国文脉》，随着他的思路一路前行，在一种中国文化自豪感的作用下，我开始感受春天生机盎然的气息。

乡村正月灯火亲。这个正月，我住在乡村，住在生我养我的老家。

刺儿上开满灿烂 ——

　　这是一个经典的小故事。两个人在花园里看到盛开的玫瑰，一个人说："真糟糕！这么美丽的花儿怎么长了这么多扎手的小刺？"另一个人说："真好！这些小刺上居然开满灿烂。"

　　刺儿上开满灿烂。就像一束阳光，这句话灿烂着我们的心灵。

　　我们的身上，是有着这样或那样的小刺儿的。也许是天生的一点点缺陷，也许是后天的一点点不足。你的身高不及他高，略微有点矮小；他的身材有些偏胖，总是有些臃肿的样子；你说话的语速不像同桌那么快，甚至有些口吃；他的短跑永远跟不上你，因为他的小腿曾经在三岁时受过伤；你天生对音乐不敏感，那首歌你学了两天也没能学会；他总是难以听懂数学课，数学学习难得进步……就是这样或那样的"小刺儿"，像小狗一样跟着你或他。

　　但是，我们不能总是盯着这小小的刺儿。我们要在这小刺儿上开满灿烂！

　　我们要正确地认识自己，学会正确地评价自己，让自己的梦想适合自己。我们要不断地学习，更新知识，取长补短。我们要积极向上，发现生活中的美好。我们要享受一路前行追逐美丽的过程，甚至有时可以适当阿Q一下。也许，身高不满意的你会是位优秀的乒乓球运动员，身材胖胖的你能够说一口好相声，有点口吃的你居然就成了播音员，曾经小腿受伤的你会成为物理学博士，对音乐不敏感的你会成为闻名的画家，数学学习不够好的你居然成为一名知名的作家……

博尔赫斯56岁时出任阿根廷国立图书馆馆长，这时，他们家族失明的宿命降临到他的头上，他60岁时几乎完全失明。最终奇妙的结果是，他不断恶化的眼疾却让他生活得更充实，他说："诗人，和盲人一样，能暗中视物。"博尔赫斯，正是在自己的刺儿上开满了灿烂。

那驰骋疆场的拿破仑，是个小个子；那音乐大师贝多芬，却是个耳朵失聪之人；而那维纳斯的断臂，不正是让她更美丽的一根刺儿吗？

采一束阳光，让自己的刺儿上开满灿烂。

光明就在自己眼前

1982 年，我九岁，我的弟弟七岁。

那时的乡下，每年的除夕夜，孩子们都会提着灯笼出来玩。除夕夜本是伸手不见五指的，但有了灯笼的光亮，到处都散发着温馨。那灯笼泛着淡淡的光，像是夜里一只只迷人的眼。

但这一切，似乎与我，与我的弟弟没有关系。

我们没有灯笼。

在这之前的两年，父亲说，你们俩都还小，买灯笼的事等两年再说吧。我们两兄弟，就用羡慕的眼神看着一个个如流星般走过的灯笼。其实，我们兄弟知道，父亲并不是不想给我们上街买灯笼，而是因为家中的日子实在是太窘迫了啊。我的爷爷奶奶常年在病床上躺着，我们兄弟俩上学也还得花钱，还有，一年到头了，家人还得有计划地添点新衣裳或者买点年货。

但是，就在这一年的腊月三十，父亲上街回来，给我们买回了两个灯笼。父亲是挑着一担柴上街的，是卖了柴给我们买的灯笼。

我们高兴地跳了起来。

可是，父亲没有买灯笼专用的蜡烛，那种能够淌着眼泪的红蜡烛。

"没有买蜡烛，省下的钱就可以给你们兄弟俩一人买一个灯笼了，不然，是只能买一个灯笼的。"父亲说。

但是，父亲又说："孩子，自己的光明就在自己的眼前啊。"我们兄弟知道，他是让我们想着法子自己做出灯笼里的"光明"。

我们要自己做成"灯"。先找来一个旧的小墨水瓶，清洗干净。再找到一块薄薄的小铁片，在中间穿上一个小孔，做成灯盖。接着，我们找到母亲缝补衣物废弃的线头，用来做灯芯。再将灯芯穿进灯盖，在小墨水瓶里倒进去煤油。最后，我们又想着办法将这奇怪的"灯"固定在灯笼底座上。

这一年的除夕夜，我们兄弟两个提着灯笼出去的时候，成为伙伴们的焦点。因为我们的灯笼比他们的都亮，而且，我们的灯笼用不着换蜡烛，亮的时间长。他们的那种红红的蜡烛，亮上一会儿就熄灭了，然后再换上另一根蜡烛。

那时候的生活条件确实不好，但是我们并没有失去拥有一只灯笼的信心。没能买来灯笼里的蜡烛，我们想着法子做成了最亮的灯。生活中，我们是会遇到一个又一个的难题的，但是，只要你用心去思考，只要你肯于动手去做，一个又一个难题也就会迎刃而解了。

多年以后，我读书，参加工作，成家，每每遇到困难的时候，我总是会想起父亲那时说的一句话：自己的光明就在自己的眼前啊。

倾听草长的声音

我听得见草长的声音。

每天，从家里走路到学校，不过一公里路程。虽然骑电动车要快得多，但我选择了步行。步行着，可以倾听草长的声音。

天还没有睁开她的眼，我已经行走在了小路上，赶着去学校陪我的学生上早读课。我看不见路旁的那些草儿，但我清楚地感受到了她们的存在。她们也应该早起了吧，要不，我怎么嗅到了小草儿的芬芳呢。那芬芳氤氲在我的身旁，分明就是草儿们拔节生长的声音。应该还有蚯蚓，在草儿的身旁扭动着修长的身体为她们伴舞。

倾听草长的声音，我一路愉悦。

我开始了我一天充满活力的生活。

课间，我时不时地跑到足球场，那里是一大片一大片的草地。脚还没有踏进去，青草味儿已扑鼻而来，逗引着你的每一根神经。你这才知道，真的是春天了啊。孩子们在草地上奔跑着，呼喊着，将脚下的足球一次又一次地踢成一个又一个希望。你也不由得欢呼，你不由得坐下来和草儿们亲近。草儿的颜色，绿得逼你的眼。贪婪的人是得躺下的，躺在柔软的草地上，那绿色就全流进了你的眼，那草长的声音就如一支乐曲般，飘进了你的耳。这时在这里是用不着花开的，有着绿绿的草就行，鲜艳的花儿就成了不速之客。或许不远处还有鸟叫声，两声三声，整个春天就灵动了起来。

有学生向我跑过来，叫一声"老师好"后又跑开了。我也笑了，孩子们又长高了，孩子们又进步了啊。

倾听草长的声音，看草儿们竞相拔节生长，一天高似一天，一天绿似一天。

倾听草长的声音，望着我那些活泼可爱的学生们，我满脸地幸福。因为我知道，其实每一棵草，都会开出美丽的小花。

认识几十个字

　　春节时，我在老家又见到了我 76 岁的姑妈。姑妈住在省城我表哥家里，每年春节时回一次老家。

　　我们兄弟和姑妈在一起说话，说着这一年的欢喜。有电话来了，姑妈拿出自己的手机对我们说，是她的大儿子我们的表哥显平打过来的。接完电话，我有些疑惑："您刚才没接电话时，怎么知道是显平表哥打来的呢？"

　　"这不有来电显示啊，上边写着'显平'两个字呢。"姑妈笑着说。她的手机，居然是智能的，还安装了微信呢。

　　"可是，您不认识字啊。"我说。我知道，我的姑妈是地地道道的乡下人，当年一天书也没有读过，更不用说认识字了。

　　"就在这一年，我认识了好几个字。像'显平''显华''显毕'，还有'魏红''美林'，这些字我全认识呢。"姑妈又说。

　　姑妈说的全是她自己孩子的名字。我笑了，没有想到，没有读过一天书的姑妈能够认识这些字呢。我笑声没落，姑妈又说："你们三兄弟的名字我也认识呢，'振林''振山''振东'我全认识。
还有，我家的几个孙子、外孙的名字我也认识。"说着，姑妈打开
手机的通讯录，指着一个个的名字告诉我们，这存的是哪一个人的
电话号码。

"姑妈，那您还认识其他字吗?"我又问。

"没有啦，只认识这些字呢。"她说。

我在心里惊叹了，这有好几十个字呢，76 岁的姑妈居然都能认
识。平日里是没有谁来刻意教她识字的，要识字的话她又得花多少
时间、得用多强大的毅力来完成啊!

晚上睡觉的时候，我又想到了这件事。我觉得姑妈认识好几十
个字，不只是毅力和时间能够解决的问题，更重要的应该是，在她
的心间，这几十个字铭刻了浓浓的亲情，寄托的是对亲人深深的
牵挂。

时光散落在生命的细节里

　　我的一个已经毕业的女学生小安来看我，她还带了个三四岁的小男孩。

　　她拉过小男孩，向着我说："快，泥泥，来叫师爷爷……"我一惊，我也成了师爷爷了。小安看我惊奇的样子，说："老师，您算一算，我已经高中毕业十一年了，当然有了叫您师爷爷的下一辈了啊。"

　　我回过神来，是的啊，这个小安同学已经毕业十一年了。而她的生活中，有了她钟爱的事业，有了疼爱她的老公，也有了她疼爱的儿子泥泥。

　　就在这不经意之间，那些时光已经散落在我们的生命里了。

　　上个月我参加一个葬礼，是我同事的父亲，在七十二岁的年龄离开这个世界。我的同事忙完之后，他看着我，轻轻地说了一句："看看，我和你也慢慢地老了啊，你的发际线，慢慢地在向后移动，我的头发，也在渐渐地撤离头顶……"

前天下班时遇见邻居大李，他几乎让我认不出来了。他还不到五十岁的年龄，肚子却像极了怀孕六七个月女子的样子。偏偏，从来不穿牛仔裤的他居然套着件宽宽的牛仔裤。见了我，他呵呵地笑着："喜欢吃夜宵，也迷上了穿牛仔裤，颜色极浅的那一种，裤腿有破洞的我也爱穿。"

我的一个同学，当年他留在了省城教书，记得是教高中数学。当年一起读书那会，极难的数学题目，他也能像计算机一样解答出来。前几天的同学聚会，我们一起聊文学。他随口点评着《红楼梦》中的人物，吐出了一个又一个很有个性的观点。听了他那些观点，我这个高中语文老师，有点开始怀疑自己是不是看过《红楼梦》了。

昨天我回到乡下的老家，去看我的父母。到家时，看父母正坐在老屋子的空台上晒着太阳。他们的脸上，一条条的皱纹不客气地在伸展着，扩张着它们的地盘。村子里那位驼了背的奶奶从门前经过，我和她打着招呼，她对我笑着，仍像以前一样右手两指中间夹着一支劣质香烟正往嘴里送去，只是，她的背驼得更厉害了。

朝阳升起，夕阳落下，寻常的一天，也就是那样寻常。就在这不经意之间，那些时光已经散落在我们的生命里了。

我站在他们的身后

那是我第一次到达上海，这座东方大都市。有人说到上海不到南京路，等于没到大上海。这是个周末，人多，我当然要去热闹的南京路步行街转转。

就在步行街口，"南京路步行街"六字石碑的前面，我看到了那标志性的雕像《母与女》。雕像是真实比例，一位母亲，正牵着女儿的手悠闲地走在步行街头。

我来了上海，当然想着要在这标志性的雕像前留下自己的身影。谁知，和我想法相同的外地游人不少，他们一个又一个向前挤着，都想着在雕像前留影。一个年轻的妈妈，带着不过五六岁的女儿，伸出了大众化的剪刀手，微微地笑着。然后，是个七十多岁的老太太，紧紧地跟着上前，指挥着前边拿相机的老头儿，又拍下了几张照片。我的前头，还有二十多个人等着在雕像前拍照。有好几个游客拼命向前挤着，担心自己拍照的机会被人挤走了。有来不及等待的游人，也在雕像边上匆匆地留了个影，然后离开了。

　　这时，我的眼光盯在了边上。两个农民工模样的中年男子，也不停地向着雕像靠拢，想着在雕像前用手机拍张照片。他们穿着工作服，工作服上依稀有着三三两两泥点的痕迹。他们想着排队，却担心人多，弄脏他人的衣服。他们只得站在旁边，满怀羡慕地看着别人一个又一个地拍照。

　　终于，轮到一个中年女子拍照了。只见她轻轻地走出来，站到了那两个农民工面前，说："来，来，我知道你们二位想拍照，那你们先拍几张照片吧。"两个农民工拍了拍身上的衣服，有些受宠若惊的样子，走到了雕像前，他们相互拍着照片。中年女子又拿过他们的手机，替他们拍下了一张合影。我站在他们的身后，也拿出手机，拍下了他们的合影。照片中，有两个农民工，还有那个中年女子。中年女子穿着碎花的连衣裙，走起路来，像个起舞的仙子。

　　农民工带着歉意说着"谢谢"，然后走了。中年女子站在了拍照队伍的最后头。有人就猜想他们之间一定是相互认识的。中年女子笑了笑，轻声地说："他们的穿着我认识啊，肯定是大上海的建设者，没有他们，就没有一座城市的发展。我，应该站在他们的身后。"我想了想，确实啊，这话不是套话，是一个人对另一个人发自内心的尊重。

　　我站在雕像前，自拍了几张照片。然后，就在离开的瞬间，我偷偷走到中年女子背后，拍下了她的背影。她身上穿着的碎花连衣裙，格外地漂亮。

旅行

这是十多年前的一件事。

记得是一次放假。刚分配工作的我想要做一次短距离旅行，同办公室的老乐很是赞同，说："我也去，加我一个。"老乐40多岁了，我和他是忘年交呢。我心里也挺乐意，毕竟多了个伴嘛。

出游的目的地我们选在邻县的无名山，不远，大概游人也不会很多。我不大喜欢赶场子凑热闹地去下三峡游九寨。

我们约好早晨6点一同搭长途车前往。我赶到车站时，老乐已经等候多时。他拿着个相机，戴顶太阳帽，倒挺自在的。

"你的背包呢？"我忙问。

"要啥背包？"他望着我滚圆的大旅行包，笑着说。我也笑了，心想：怕是要和我共同享用我"精良的装备"吧。

一路搭车乘船，我除了花费几张人民币，好像什么东西也没派上用场，即便是晕车晕船药。到了无名山，和游人们一样，我们也赶着上山。走了不到一里路，我就感觉到肩头的背包开始变沉了；

而老乐，拿着个相机，一会儿这里取景，一会儿那里拍照，乐个不停。我开始抱怨自己为什么要带这么多东西。露宿帐篷根本用不上，因为气候不适宜，况且这里的旅店好找，也便宜。那几本书也太沉了，大概有十斤，也是，外出游玩还带什么书。换洗衣服竟带了两套，这是时装表演吗？牙膏、牙刷、毛巾、肥皂，人家旅社里早备好了，价格也不贵。零食竟然也带了两大袋。还有，绳索、刀具、指南针，哪里用得上呀。

我向老乐求助，没想到老乐早已走到前头。好容易叫住了吧，他给我的狼狈样拍了张照，丢下了一句话："自己想办法处理嘛。"看来，我只得想办法处理一下我"精良的装备"了。帐篷我折价卖给了一个小店店主，附赠绳索、刀具、指南针。几本书，我先是想丢，后来干脆送给了一个游玩的中学生。牙膏、肥皂等物品，连同大袋子送给了一个捡破烂的老人。最后，只留下了一点零食，这是我马上要"解决"的。整个处理过程，我倒像一个没落的小商人，这哪里是在游玩？

好不容易"丢盔弃甲"完毕，以后的路，走得轻松，无拘无束，玩得也愉快。

一晃十多年过去了，我已是主任科员，而老乐除了年龄增加了十多岁，什么也没变，还是个小科员，也还是成天快乐，尽管他面临着老婆下岗、儿子待业、女儿考大学没考上等问题。我却总感到很累，每天应付公务，总想着自己的工作做得怎么样，会不会被提拔，怎么样赚更多的钞票，怎么样玩得潇洒。我很累，便去找老乐

聊聊。老乐听了我的一番唠叨后一句话不说，而是拿出了那次出游时他曾经给我拍的照片——我背着个大大的旅行包，脸上写满了无可奈何。

我懂了。

人生啊，就是一次旅行，你的旅行包里想装的东西越多，你就会感到越累。很多的时候，你想摘取离你天远的那颗星，你就会活得更累。顺其自然，其实就是一种真实，一种快乐，一种真正的生活。

小小建造师

　　曾经，我是个小小建造师。

　　那时，我还只是上小学三四年级，我迷上了建造，建造我自己想要的小屋子。

　　最先，我建造的是简易的小屋子。小屋子的选址大多在我家屋子的后门处。我会倚靠后墙，依墙而建。先慢慢地平整出一小块空地来，不过一个平方的样子。然后，找了四根手指粗细的木棍，用力地插在地上，这就成了小屋子的柱子。小屋子的檩子，选用了最简单的麻梗，一根一根地用钉子钉上去。这样的屋子是不能盖上瓦片的，因为我选用的柱子承受不住重量。不过好办，我四处寻找那些废旧的塑料亮纸，塑料亮纸只是小块小块的，我又细心地将它们重叠，让屋顶成为完整的一大块。我的小屋子的四周，我照样用废旧的塑料亮纸围住三面，只留下一面，算是门了。

　　我家中有小弟，只是小我一岁多，当然是我建造房子最好的帮手。我们两人联手，建造这样的小屋子不到一个小时就成功了。建

造好第一个小屋子之后，我会帮着弟弟再建造同样的一个小屋子。然后，我们坐在自己的小屋子里，你看着我，我看着你，笑个不停。这样的小屋子，其实也仅能容下我们小小的身躯呢。这样的小屋子，我们每个星期都会建造一次，建了再拆，拆了再建，乐此不疲。

我们的建造水平慢慢提高，我们的小屋子建造得更美、更实用。我和小弟认真地观察过砌墙的瓦工师傅，大略地知道了砌墙的方法。于是，我们的小屋子不再简陋。它的三面，我们全部采用了砌墙的方式。而房前屋后，那些随处可见的半截砖成了我们喜爱的建筑材料。偶尔有整块的红色砖块，会让我们欣喜一阵。我们慢慢地琢磨和泥的诀窍，懂得了这砌墙的泥宁可干一些而不能太稀的道理。小弟找到了一把旧的瓦刀，让我砌墙派上了用场。最初的砌墙，砌不到半米高，墙却倒了。我们知道除了泥的黏度不够外，应该还要注意慢慢升高的墙体是绝对不能倾斜的。于是，我们借用了细长的棉线，系上小瓦片，让其自然垂下检测墙体是否倾斜。从技术层面解决了问题，我们小屋子的墙体可以达到一米以上高了，这正是我们想要的高度。小屋子的椽子，我们选用那些笔直的粗树枝来充当。这样，小屋子的屋顶盖上了瓦片。小屋子的南面，我们是不用砌墙的，这里照样是门。我们寻找到成形的木板，用斧子稍微修理一下，成了我们小屋子可以自由开关的门。

建造完毕，我和小弟会立即坐进我们的小屋子。这样的屋子，我们是不拆除的，它是完全可以遮风避雨的。好几次下雨的时候，我们高兴地坐在自己建造的小屋子里，看雨水从小屋子的屋檐，一滴一滴地落下。

两个小小少年的幸福，就在这一滴一滴的雨水声中荡漾开去。

随着季节的变换，我有时也"建造"一些不同的小物件。"树叶青，放风筝；树叶落，打陀螺。"在草长莺飞的春天，我会用废旧的报纸糊成纸风筝，迎着春风，将这些可爱的小精灵放飞到蔚蓝的天空。比我更小的小朋友，跟在我的身后，一片欢呼雀跃。金黄的秋日到来时，我会自制陀螺。选用那些不过手腕粗细的木棍，截取六七厘米长，然后，在一端慢慢地削尖，慢慢地磨圆。有时，也会在陀螺的尖头上安放一颗极小的铁弹子。这是有助于陀螺旋转的物件。当我在禾场上对着陀螺自由畅快地挥起长鞭时，我的快乐随着陀螺就不停地旋转起来。曾经，我自制一个又一个陀螺，几乎要装满一箩筐。父亲笑着对我说："真不了起啊！读书学习，也应该是这样的啊。"我也只是笑。父亲当然知道，我的学习成绩是一直名列前茅的。那飘飞的风筝，那旋转的陀螺，这些小物件，成了我记忆中最瑰丽的珍宝。

小小建造师，总是在建造着自己的梦想。建造的过程，其实是在不断地磨炼自己、提升自己。慢慢长大的我们，沿着梦想的丝带，一路建造着自己的未来。可如今成年的你我，又将建造些什么呢？

雪年

　　记忆中有雪才过年，过年正有雪。雪是年的衣服，年是雪的魂。过年时没有雪，便没了气氛；不在过年时下，雪便没了精神。

　　年，给了孩子们自由的时间；雪，给了孩子们广阔的空间。小孩盼过年，过年了，有吃有玩有压岁钱。年饱年饱，孩子们过年时即使是山珍海味，也只是吃上一点点。窗外的雪，才是孩子们的天地。邀上七八个伙伴，堆雪人、打雪仗，偶尔也来点诗兴："北国风光，千里冰封，万里雪飘……"也有大声吟诵"千山鸟飞绝，万径人踪灭。孤舟蓑笠翁，独钓寒江雪"的，但在下雪时，我从没看见过雪中的钓者。我倒是做过一个钓者的梦：冰天雪地里，我披蓑戴笠，独自在江中垂钓……

　　河中冰雪厚的时候，是可以在上面滑冰的，但我们都很小心，怕掉进河里。雪融化时，屋檐下就会挂着一排排尖锥形的冰凌，我们用手去摘，手常常是冰得通红，不过我们一点也不怕，因为一会儿通红的手就变热了。也有调皮鬼取了冰凌偷偷塞进人衣领的时候，冰得人哇哇大叫，大伙便哈哈大笑起来。

雪时拜年别有风味。我总是会想起儿时一家人到外婆家去拜年的情景。雪白的天地里，行走着一家人，我不过五六岁的光景，跑在最前边，踩下一串串的小脚印。弟弟坐在父亲的肩头，时不时地发出咯咯的笑声。母亲呢，提着拜年的礼物，走在后头。我们有一句没一句地说着话，觉得走过的整条路上全是温暖。

看着鹅毛般的大雪，你出门一点也不用急，不用像下雨时要打伞穿蓑，恁自走你的。在雪中行走比在雨中更有情趣。雨会打湿你的衣裳打湿你的心，雪呢，披在你身上给你加了件羊皮袄般，温暖着人的心。途中要是遇上兔的脚印，你还可撵上一段，或许能逮上只野兔去下酒。到了人家，你只需拍拍身子，雪立马全抖落了下来，衣帽全然未湿。一挂鞭炮，是洁白中的一点红，还没放完，孩子们早已围拢来抢，仔细找寻着还没放完的鞭炮。

"晚来天欲雪，能饮一杯无"，大人们说笑着围在火炉边开始喝酒，锅中不停地下着雪地里揪回的冬白菜，壶里的酒也不停地在减少。不知不觉中就到了夜晚，但天色是不会暗的。即使是深夜，醉醺醺的你照样可以借着雪的亮色回家，让你过足"风雪夜归人"的瘾。

"梅须逊雪三分白，雪却输梅一段香"，梅与雪似乎是孪生的姐

妹，争相装点着这个世界，装饰着人们的精神。

"瑞雪兆丰年"，有瑞雪就会有丰年。人们总是在丰年里期待着瑞雪，在瑞雪里品尝着丰年。年年如是，周而复始。

"大雪小雪又一年"，又是一年来到，到时会下雪吗？

阳光洒在我们的身上

小时候的冬天似乎特别冷。

1980 年，我们不过十来岁，刚上初中。那时，一进入冬天，雨雪季节就到来了。寒风像刀子一样刮着我们的脸，那雨雪也像幽灵一般，想着法子钻进我们的衣领。家中兄妹多，其实我们身上的衣服也穿得少，能穿上棉衣棉裤的算是很好的家庭了。

我们，冷。

即便是太阳出来了，我们也冷。

但我们男孩子有办法。十多岁的我们，靠着墙并排站着，站的人多了，不知是谁开始动起来，肩膀开始挤着肩膀。于是，并排站着的十多个人的肩膀，也左右动起来。你挤着我，我挤着你。脸上笑嘻嘻地，口中不停地伴随着挤的动作叫着"哎哟，哎哟"，很有节奏感。有时，我们也会遇到身边势均力敌的某一位伙伴，两人较起了劲儿，肩膀抵着肩膀，暗地里使劲，看谁的力气大。但并不会有真正的输赢的，就是某一位败下阵来，也照样哈哈大笑。

迎着阳光，我们就这样相互挤着。

阳光，洒在我们的身上。

就那么几分钟，我们的身体发热，全身不冷了。进到教室上课，我们的注意力更集中了。一等到下课铃响，我们又一窝蜂似的钻出教室，排在墙根，开始我们的运动。

墙面有些短，有时人多了，便有人退出。他们单腿立起，架起了身体，这就是所谓的"飞机腿"。他们的"飞机腿"得来一场战斗，我们叫作"打腿架"。"打腿架"想要获胜，自己的腿得有力，冲刺的速度也要快。有人曾说个子高的要占优势，其实也未必。个子小的"飞机腿"灵活，便于转弯，便于逃跑。好些次，都是小个子"打腿架"取胜。

待到上课铃响，我们便会停止一切"战斗"，跑进教室，开始学习。

后来我们成年，我们参加工作，我们进行各种体育运动，但总是觉得没有那时"挤墙"（我们取的名）和"打腿架"快乐。

那片阳光，洒在我们的身上，一直照在我们人生的路上。

人生的缺憾

朋友对工作、对生活不是那么积极上进，他家的夫人有些生气地喊道："你啊，要是上帝让你有点缺憾，你可能对生活、对工作就更积极、更上进了。"

在不到40岁的年纪，这个朋友得了一场病，只是胃上的一点问题，动了个小切除手术。从医院回到家中的第二天，朋友像换了一个人似的，阳光自信，积极乐观。他家的夫人打趣："就是这次生病，让你真的发生了可喜的变化。"

这是真实的生活。

也许是真的啊，上帝让每个人都有点小小的缺憾才好，这小小的缺憾也许会成为一个人不断进取的动力。当你自己觉得生存下来都有困难的时候，便会格外珍惜自己生命的每一秒。

在轮椅上生活了大半辈子的人，如霍金，如史铁生，他们的生命有着太多的缺憾。也许，正因为有了缺憾，霍金才成为世界级的物理学家，史铁生成为真正思考生活的伟大作家。霍金全身高位瘫

痪，只有几根手指可以活动，他的人生可以说有很大的缺憾，但他的生活却非常充实。正如他自己所说："我因全身瘫痪而不得不把自己的广泛爱好放在一边，一心钻研科学。"

世界文化史上曾有三大"怪才"——文学家弥尔顿是盲人，大音乐家贝多芬双耳失聪，天才的小提琴演奏家帕格尼尼口吃。这三大"怪才"成功的缘起，也许正是因为他们接纳自身的缺憾，发现人生的另一层境界。

甚至，你可以假设你哪一方面不够完美，还存在着什么样的不足，让这种假想的不足督促你阳光生活，自信前行。

断臂的维纳斯是艺术之美，被咬去一口的苹果是生活之美。而你我的人生呢，有点缺憾是一种真实之美。

干花优雅

在我办公室的书桌上，放着一束鲜花，是 2019 年高考前夕学生送给我的。

很明显，鲜花已经成为干花。知道她曾经是一束漂亮的鲜花，这是我最清楚的事。

我仔细地端详着这束干花。猛然，我觉得她仍然是有生命的。我的学生曾告诉我，这束花里，有薰衣草、玫瑰、金盏花，还有一种他们也不认识的花。对于花草，我几乎是个盲人。但我觉得，这束干花，其实仍然是个鲜活的生命。"芳与泽其杂糅兮，唯昭质其犹未亏。"

她的花与叶，很自然地蜷曲着，乍一看，像个没睁开眼的婴儿；仔细看去，又像位慈祥的老人的脸。花的色鲜亮一些，那是老人的眼和嘴；叶的色暗了些，是老人的鼻子和耳朵。我用鼻子凑近，还有些香味，淡淡地，似有若无。这束花，本是用大红的纸包着的，如今的大红，也褪色成了淡淡的红。不过，这正好成为这束

花最好的背景。

　　曾经,看见这束花慢慢枯萎,我想着将她扔进垃圾桶。不想,慢慢枯萎着的她,倒引发了我的沉思。

　　在地铁上,我见过一位老太太,画着精致的淡妆,穿着一件浅色的旗袍,安详地坐在靠边的座位上。她有时也听一旁的小年轻说着大学校园的趣事,于是嘴角就有了微微的笑。这笑,不经意地,像轻盈的蜻蜓掠过水面一样地轻。见有另一位老奶奶上车,她居然站起了身,示意老奶奶坐着。她估摸着,那位老奶奶年岁比自己大,而且,应该是从乡下来到城里的。

　　我居住的小区里,有一对夫妇,爷爷姓张,奶奶姓李,都是七十多岁的人了。张爷爷总是穿着整齐,儒雅而倜傥;李奶奶呢,身材高挑,一身素色。好几次,我下晚班回来的时候,他们正在小区近东门处的一棵大槐树下演唱,张爷爷吹着小号,李奶奶用英语唱着美妙的女高音。可有时,他们居然在小区里也帮着义务清除墙上的广告。他们拿着小铲,慢慢地铲,从容淡定。

　　这个冬天,我应邀到婺源做一次赛事的评委。赛事结束了,我打算到婺源最美丽的景点篁岭去转一转。评委施老师和他的老伴叶阿姨叫上了我,我们一起上篁岭。那一天,小雪加小雨,天气不算好,可是,都已经72岁的两位老人家上山时比我还来劲。叶阿姨摆着姿势,拍出了好几张漂亮的照片。施老师仍兼职做着杂志的主编,精神矍铄。我们由婺源有着古韵味的地名"钟吕"说起,说到"紫阳""星江河""太白""清华",再说到当地名人朱熹,一点也不觉得累。下山时，他们的样子，看起来似乎比我还轻松。

原来啊，一个人慢慢地老去，是可以这样地优雅。正如这一束鲜花，她的花和叶的颜色可能变化，但她身上散发的清香，可能比鲜艳时更有味道。

还是不由得想起了张爱玲。1995 年 9 月 8 日，中国传统节日中秋节的前一天，当洛杉矶警署的警察打开张爱玲居住的公寓时，他们看到了已经去世的张爱玲。她体态瘦小，却整齐地穿着赭红色旗袍，神色安详地躺在屋中一张相当精美的毯子上。她的旁边，是一叠展开的稿纸和一支尚未合上的笔。

多么凄美的画面！

多少时间属于你自己

每个人的生命都是由时间组成的。有人说，自己生命的时间当然属于自己。事实上真是这样吗？

你在母亲温暖的腹中开始了自己的生命，然后呱呱坠地，向世人证明你的存在。你吸着母亲的乳，在幸福中成长。这时，大多时候沉睡着的你，为了自己身体的生长，时间是属于你自己的。

慢慢长大了，求学路上，你不断地学习着新的知识，渐渐成长。这时，你为着自己的学业，偶尔有老师或父母会给你一些约束与指点，但这时的时间大多还是属于你自己的。

工作了，以为时间属于自己。这时候的你，慢慢觉醒，好多人的工作，只是为了工作，为着自己能拿到些薪水，让自己在物质上活着。如果你从事的是自己不大满意的一项工作，你觉得时间是属于你自己吗？

恋爱了，是高兴的事。时时处处要想着你爱着的人，这段时间，属于对方，也属于自己。即使是一场不成功的恋爱，那从身边溜走的快乐时光，也是你幸福的回忆。

成家了，你有了家有了责任。你会有自己的孩子，你要与你的爱人一起生活，要陪伴你们的孩子，照顾孩子的学习与生活，要经营属于自己的小家。可是，这时候的你要想一想，你爱好的书法是不是很长一段时间没有练习了？你手中的笔是不是也近一年没有写点文字了？你参加的舞蹈协会的活动是不是好几次没去了？

有时，一整天的时间，你自己也不知道做了些什么事。上午要向领导汇报工作，中午要接放学的女儿，还要顺便带点菜回家。家务事儿也许更多，做饭，洗衣，拖地。想要的午休没有了。下午，一个同学要过来，可能要陪他在这座小城里转转，另外加一顿饭，饭桌上当然少不了要喝酒。喝酒不能喝多，你家中的人会责怪你的，甚至会关你在门外。晚上，加班的通知又来了，得在明天清早交一份业务报告。而这时，孩子的作业还等着你辅导，家中的另一半还在窗口等着你。

有时，又会想起，好几个月没有给父母或爷爷奶奶一个电话了。这几个月里，就几分钟的时间也没有吗？爷爷的心脏病可能又犯了，奶奶可能卧病在床了，母亲的腿又开始疼痛了，父亲的身体也不再健朗了。

你成年了，你慢慢成熟，长辈亲人一个一个离你而去了。你得为你孩子的工作发愁，得为孩子的婚姻操心。过些年，你会升级辈分，因为你有了孙子了。你可能得带孙子，你可能得看儿子媳妇的脸色。

你慢慢变老，你身体上的病慢慢地显现。你得为你的病痛担忧了。你参加了老年协会，参加活动时，你仍然忘不了家中的孙子。再过些年，有张病床就等着你了，老天爷也许在不远处召唤着你。

你的一生，到底多少时间属于你自己？

每个人的生命都是一条时间的长河，你能在这条长河中激起自己美丽的浪花吗？珍爱生命，珍爱属于你自己的时间，每一分钟，每一秒钟。

其实，生活就是生活，为他人活，更要为自己活。

月季花开

我爱花，尤喜月季。

朋友送我一盆月季，说给我的生活增添点高雅情趣。我很是欢喜。记得儿时，总盼着有一盆属于自己的花，可以天天观赏。无奈总不得手，偶尔也不过采摘朵牵牛花拿着，虽欢喜也觉不雅。再则驻足生物老师窗前，看他养的两盆月季，或含苞或吐艳，这朵炫目，那朵含羞，煞是有趣。

而今，终于有了一盆属于自己的月季花。小心翼翼地将它放到干干净净的窗台上，认认真真地欣赏起来。这盆月季花都已绽放，如一张张孩子的笑脸。微风吹过，又似袅娜的白衣舞女。而绿得发亮、绿得刺眼的叶，如抚摸着孩子笑脸的慈母的双手。

接连几天，每天都要仔仔细细地欣赏欣赏。欣赏之余，就有了一种感觉，花也便只是花，欣赏而已，哪有友人说的高雅情趣？不禁迷惑了。那花也像知道我的心思，在暗暗褪色。

紧接着我出差半月，搭车便走。待我归家时，花盆中的月季已凋谢。花瓣不见了，绿叶不见了，茎秆也显得干枯了，在风中瑟

缩。急忙找来友人，友人说我没管理好，水都不浇，它咋活下去？他提了提茎秆，说倒还能活。

于是，我找来小铲，把花盆的土松了松，小心得很，怕弄坏了它的根。然后浇水，慢慢地喷，不多，也不少。而后，便守在花盆旁边，真想看到它立即长出绿叶，开出鲜花。可几天过去，天天浇水，适量施肥，仍不见长出新芽。仍旧浇水，终于，在一个雨后的清晨，看见几片刚伸出脑袋的叶子，淡黄淡黄的，叫人喜爱。而我呢，比友人送我这盆月季时还要高兴。于是每天下班后，我第一件事就是看看这盆月季，真希望它开出那妖艳的花儿。

又一次花期到来时，这盆月季花开了。花不太大，白色，但不如上一次洁白，如染上了一层淡淡的苍白，被绿的叶子托着，如一年轻的产妇抱着她的乳儿款款而行。在她的脚步里，我闻到了一股清香，一股醉人的清香，直渗肺腑。

我明白了友人说的高雅情趣的含义。

一盆花，送到眼前，再美丽也不过欣赏而已。只有经过自己培育的花，即使不那么艳，哪怕它显得那样瘦小，也值得欣喜。

世间万物何尝不是这样。顺手拈来的完美不一定完美，而自己创造的，哪怕只是如一叶花瓣，甚或是一次小小的失败，那也是一种幸福。人生旅程，不要过于在乎成败，真正的喜悦与幸福在跋涉的路途中。

在心间植一株清莲

我是见过牡丹的，国色天香，富丽华贵。牡丹似乎片片花瓣都散发着雍容的风姿，即便是小小的叶儿，也是高人一等，傲视群芳。她们高不可攀。我每天都能看到小草，田野里小草遍地都是，用她旺盛的生命力诠释着自己存在的意义。她们，又平凡了点。

我不是敦颐夫子，但我心中总是对莲有一种说不出的向往。"香远益清，亭亭净植"，说尽了莲的性情。"出淤泥而不染，濯清涟而不妖"，写全了莲的精神。一株清莲啊，你就是我梦中的天使。

在心间植一株清莲，我对自己说。

这一株清莲，她是不食人间烟火的小女子。她对世间的要求太少太少，一点阳光，会让她欣喜不已；一丝微风，会让她手舞足蹈；几滴清露，更令她泪花四溅。

这一株清莲，她从大观园中走来，是气质超群的林黛玉，冰清玉洁，纯真自然，绽放在我心中的池塘。

这一株清莲，她总是充溢着诱人的气息，散发着迷人的情趣，

孕育着惹人的果实。她用她青嫩的芽儿和蜻蜓捉着迷藏，她用她翠绿的叶儿和风儿玩着游戏，她用她或红或白的花儿和白云打着招呼，她用她洁白的藕尖自信地迈着前进的脚步，她用她黑黑的莲子谦逊地展示着内心的充实。她，其实是用她自己的生命，写着一首属于自己的诗。

这一株清莲，"可远观而不可亵玩焉"。她不高贵，但她有她的矜持；她不华美，但她有她的优雅；她不骄傲，但她有她的纯朴。她更没有一丝艳丽，因为，她就是一株清高的莲！

我在心间植一株清莲，让她亭亭立于我心间。每天，我用平静和坦然将她浇灌，用我的心跳呵护她的绽放。我会用我张开的臂膀，为她挡住袭来的凄风冷雨。我会用我蓬勃的生命，为她换取生长的营养。

在心间植一株清莲，这株清莲，是我每天的念想。

在心间植一株清莲，这株清莲，让我的生命一片芬芳。

没有说要放弃

四岁。他的手上有一块刚刚买来的面包，这是他最爱吃的食物，哪怕最好的小伙伴用所有的食物来换也不行。他舍不得立刻吃掉，小心地放在自己的枕头边。第二天早上醒来，只剩下一张包裹着面包的小小纸片。原来是老鼠在夜间享用了他的美食。他一心想着守护那美好的食物，没想到还是失去了。但是，他记得那面包淡淡的清香。

十四岁。他上初中了，爱好音乐的他有了一支口琴，这是他省下自己两周的早餐费才买到手的。他学会了吹口琴，用口琴吹奏最动听的歌曲给同学们听，大家的脸上漾着幸福的花儿。他认真看护着自己心爱的口琴，走到哪儿就带到哪儿，生怕丢了。可是，一次在河边游玩时，他的这支口琴意外地掉入河中。他和伙伴们在河里摸寻了两个多小时，一无所获。他多么不想失去这心爱的口琴，却还是失去了。但是，他一直记得口琴曾吹奏出的动听的歌儿，还有同学们的笑脸。

二十四岁。他在省城读大学，毕业之前开始恋爱了，女朋友是

一位漂亮的城里姑娘。他和她一起进教室，讨论着学习；他和她一起骑着自行车到郊外，看一朵又一朵的花开。他觉得她将来要成为自己美丽的妻子，他无论如何不能失去她。可是，大学毕业时，她去了更遥远的京城，他回到自己的老家县城。最终，他失去了她。但是，她穿着碎花连衣裙的身影却沉淀在他的心里。

三十四岁。他已经工作快十年了，在自己的岗位上做出了优异的成绩。主管领导找他谈话，说准备将他上报为"省优秀工作者"。他连声说着"谢谢"，更加投入地工作，因为他知道这表彰是对自己工作的认可。一个月之后，没想到却是隔壁科室的小年轻成了表彰对象。但是，他懂得了勤奋让自己收获的道理，也清楚了只有勤奋仍然不够。

四十四岁。他在休息的日子常回老家看看父母。他知道父母生养、培育了自己，是自己最最不能离开的人。偏偏，在这一年，还不到六十八岁的父亲，因为心脏病突然离世。他无奈地低下了头，痛哭不已。从那以后，他更深刻地体会到亲情的可贵，想着尽量多陪陪家人。

五十四岁呢？他还没有到五十四岁，他不知道到时他又会失去什么。他已经懂得，有时候没有什么是不可以放弃的，即便有可能是被动地失去。

活着，就好好地活着。珍视工作，珍惜身边人，珍爱心爱之物。

每天都是新鲜的

　　暑假时去华山旅游，因为对行程不熟悉，我便报了一个散客团。带我们这个临时团的导游姓方，是个 40 多岁的男子，我们叫他"方导"。

　　也许是常年带游客的缘故吧，方导的脸被晒得黑黑的。但是，他黑黑的脸上总是洋溢着笑，这种笑，是自然而明亮的，如阳光一般。我于是问他："方导，你带团多少年了啊？"

　　"我就是本地人，18 岁那年高中毕业没能上大学，开始进入旅游行业，不久之后正式带团，到如今有 23 年了呢。"

　　"这么长时间了啊。"我心里一惊，"你每天都上一趟华山吗？"

　　"是的，"他说，"我每天都上一趟华山。"

　　"每天上华山，看到的风景都是一样的，那你的生活应该觉得有些枯燥，甚至可能觉得无聊了吧？"我又问。

　　"才不是呢，我的每天都是新鲜的。"他笑着说。他的黑黑的脸上就更生动了一些，他又说："我确实每天都上华山，但是，我每

天接触到的游客不同啊，我乐意和不同的游客交流，于是我看到的风景每天都不同，我觉得每天都快乐着呢。"

那天下了华山，方导的那句话却留在了我的耳边："每天都是新鲜的。"

我是一名教师，曾经有人将"教师"这职业比作船夫，那些学生们自然成了船上的乘客。船夫将乘客送上了对岸，又要原路返回。这样，一届又一届的学生走了，作为船夫的教师又要"返回"，生活似乎单调无味。但是，想想啊，你的学生是一个又一个的新的生命，你面对的每一届学生又是不同的群体，正如那名导游所言：每天都应该是新鲜的啊。

生活也是如此啊。你我每人每天 24 小时，每天或许就重复着认为单调的事情，但是，在这单调的过程中，我们会遇到不同的事、不同的人。境随心转，你的眼中就有了不同的美丽的风景。唯其不同，才有新鲜！

每天都是新鲜的啊！

病房歌声

尽管穿着防护服，护士小云回到医护室的时候，大家还是看出她噘着小嘴。

于是就有人逗她：“是不是想爸妈了？不是，那就是想男朋友啦。”

小云噘着小嘴说：“前线这么紧急，哪有工夫想那些事呢？还是那个 89 号李老爷子，他又闹着要出院，也不情愿去做 CT 检查。”

这一说，大家就明白了。这个李老爷子，来医院早，因为自身免疫力低，住了十几天了，病情还没有好转。他性子急，憋不住了，想着回家。

“多才多艺的护士云美女，那你还得想想办法，留住老爷子啊，不要让他回家。”89 号李老爷子的当班医生刘乐听到了，他也逗着小云说。他们都知道，为患者服务是自己最崇高的使命，让患者康复是自己无上的荣耀。

小云却有些委屈了，说：“怎么没有想法子啊，前天他就闹着

要回家，我呢，就唱了一段豫剧，唱的是《铡美案》，就是家喻户晓的关于陈世美与秦香莲的故事。今天，我没有法子了。"说完，她的小嘴又噘着了。

三十多岁的医生刘乐可不想让七十多岁的李老爷子出半点差错，他笑了笑，提出了自己的建议："我听说啊，李老爷子也是爱好音乐的，好像之前在一个乐团拉过小提琴。不如，让我们的小云再来一个节目，自然又能管上些日子了。如何？"

听了刘医生的建议，小云想了想，说："那好吧，不过，我还得在手机上搜一搜词，我唱过黄梅戏，但词忘记了。"

半小时后，病房里传来了清新婉转的黄梅戏：

为救李郎离家园，

谁料皇榜中状元，

中状元着红袍，

帽插宫花好呀好新鲜哪……

病友们，有的搬来小凳子坐着，有的躺在病床上，静静地听着小护士在唱。他们觉得，这就像是女儿或孙女在家中表演一样。

"唱得好啊小丫头，这《女驸马》唱得入味儿……"七十多岁的李老爷子像个小孩一样，不停地轻轻拍着手叫好。早年，他是乐团的小提琴手，对音乐痴迷了几十年。听完黄梅戏，李老爷子也不吵闹了，安静地躺在病床上。他其实知道自己的病情，每天都用手机在网上不停地搜索相关信息。他的心里，是想着回家啊。回家，就是最坏的结果到来的时候，一切事情也都好办啦。

原计划李老爷子昨天就安排做 CT 检查的，又推迟了一天。下午的时候，刘乐医生来了，他担心李老爷子出啥意外，要亲自护送着他去做检查。

滚动担架进了电梯，下到了一楼，然后担架要经过一片空地，再进入 CT 检查室。就在经过空地的时候，李老爷子小声地叫住了刘乐："刘医生，请停一停好吗？"

刘医生放慢担架，停了下来。他正想问一问老爷子怎么了，李老爷子却先说话了："刘医生，你看，远方，那儿的树梢上，阳光一片金黄……"

刘乐这才看到，那太阳，像挂在树梢一样，是一幅美丽的图画。

"刘医生啊，我，已经十几天没有看到太阳了啊……"李老爷子声音有些哽咽了。

刘乐没有向下接话，连忙推动担架向前走。在那片空地的墙角，正有一棵小草，小心地伸出了脑袋。

晚上八点多，刘乐医生和小云护士来查房的时候，李老爷子先说话了："今天，我想为大伙儿唱一首歌，行不？"他的声音明显有些沙哑了。他的话刚说完，邻床的文大爷就回应道："好啊，好啊，欢迎小提琴手给我们唱歌。"病房里又安静了。

一会儿，响起了那首大家都熟悉的《何日君再来》：

好花不常开，好景不常在。

愁堆解笑眉，泪洒相思带。

今宵离别后，何日君再来？

……

三天之后的早上，邻床的文大爷醒来的时候，他转过头来想和李老爷子说说话。可是，想说的话却停在了嘴边……

那张床，空了。

第二辑

去看一个寂寞的人

到地坛公园走走

到了北京，想转转的去处，是自然少不了地坛公园的。

说是自然少不了，是因了一个人。我想到地坛公园走走，想仔细看看这座属于史铁生先生的精神家园。

我骑着单车到地坛公园门口。地坛公园，像位熟悉的老朋友，静静地立在那儿，等着我。我的职业是高中语文老师，在语文课堂上我和学生一起读史铁生先生的《我与地坛》，都有过落泪的感觉。

在这春日阳光灿烂的时刻，我走进了园子。林木满园，树影婆娑。高大的祭坛、朱红的墙体和碧绿的屋瓦，和谐地掩映在丛丛树木之中。园子里的景色大致是没有变化的，如史铁生在文章中所写。站在园子里，我仍然可以想象，当年的史铁生，他和他的母亲怎样一前一后进到园子里。爱发脾气的儿子自个儿转着轮椅走在前边，白发的母亲偷偷地在后边蹒跚。母亲的心里，总是一直担心着儿子，担心天天生气而有着思想的儿子出什么意外。母亲知道儿子想要单独静一静，她不会主动问上儿子几句话，她只会每天帮儿子准备好外出的物品，会目送着儿子的轮椅慢慢驶出家门，会在身后默默地

看着儿子，会在很晚的时间里去大大的园子里寻找呆坐在轮椅上的儿子。

那个儿子，史铁生，在最狂妄的年龄里双腿瘫痪，没有理由不暴躁。他最先是不懂母亲的苦的，等到母亲去世了，他终于明白了母亲的苦，懂得了母亲对儿子最深的爱。儿子知道，"她心里太苦了，上帝看她受不住了，就召她回去"。

我自由行走在公园的道路上。道路很宽敞，可以走小汽车，应该是之后修整过的。公园里的人不算多，都是悠闲的样子。正是周末，有拿着书本坐在椅子上看书的学生，有打着羽毛球的情侣，有踢着鸡毛毽子的中年人。更热闹的是，几个老年合唱团，穿着整齐的服装，在自备话筒前尽情地歌唱着。也有两三个转着自个儿的轮椅的人，如当年的史铁生一样。我又想起了史铁生，他在地坛公园里，摇着轮椅走过十五年。这个园子，于他，正如上帝赏赐的精神家园。他注视着公园里出现的每一个人。有那每天傍晚都要来走一圈的夫妇俩，这对夫妻在园子里一直走了十多年；有那在园子里坚持练习着长跑的健将，命运总是在捉弄着他；有那认真练习唱歌的年轻人，两人目视了好几年，年轻人最后临走的一天和他说了再见；还有那个漂亮的小女孩，原来她竟然是个智障者……更多的时候，史铁生观察着公园里的小生命，"蜂儿如一朵小雾稳稳地停在半空；蚂蚁摇头晃脑捋着触须，猛然间想透了什么，转身疾行而去；瓢虫爬得不耐烦了，累了祈祷一回便支开翅膀，忽悠一下升空了；树干上留着一只蝉蜕，寂寞如一间空屋；露水在草叶上滚动、聚集，压弯了草叶，轰然坠地摔开万道金光"，"满园子都是草木竞相生长弄出的响动，窸窸窣窣窸窸窣窣片刻不息"。这座园子，在史铁生的眼里，荒芜但并不衰败。

越是感受到生命的欢跳，他越是痛苦，在痛苦中思考人生。他思索着要不要死去的问题，但是很快他得出了结论：死是一件不必急于求成的事，死是一个必然会降临的节日。也只是"节日"一词，让我在课堂上的那颗心充满了泪水。他于是又思考了怎样活的问题，他已经用他手中的笔，用一篇篇精美的文章清晰地告诉了我们。可惜，这时，他的母亲已经离他而去了。他是多么希望他的母亲还活着。也可惜，我们亲爱的史铁生先生，也离我们而去，留下一个坚毅的背影。

公园里树木很多，我找寻着当年史铁生躲藏母亲的那棵树。但那棵树的样子似乎没有什么特别之处。我于是就随地找了棵柏树，站在柏树下拍了张照片，在内心里对史铁生先生和他母亲表示最真诚的敬意。

公园里，祭坛的门照样紧锁着。我其实希望能遇着一尊史铁生先生的雕像的，但没有，也许未来的日子里这个愿望会实现。不过，走进地坛公园的我，真实地嗅到了史铁生先生的气息。是的，要珍爱身边的亲情，等到有一天，亲人不在你身边时，你的后悔是没有作用的。是的，要好好地活着，如生命巨人史铁生先生一样，活出生命的精彩！

泉声漱醒山人梦

阳春三月，我和我的文友们走进了我的梦中。

梦在江南水乡，瓦蓝澄净的天空，碧绿如玉的河水，苍黄古朴的木屋，青青的脚下石板，翠翠的墙边植被，艳艳的一抹夕阳……

乌镇，我来了。

踏着文学大师茅盾先生的足迹，我们先走进了乌镇的东栅。

东栅的空气中似乎飘浮着千年的文化气息，吸引着众多的游客。景点一个接着一个，汇源当铺、访庐阁、皮影戏、翰林第、修真观、古戏台、茅盾故居、余榴梁钱币馆、木雕馆、蓝印花布染坊、公生糟坊、乌镇民俗风情馆、江南百床馆、传统作坊区、香山堂等。我的脚步，停留在茅盾故居。这里的游人特别多。人们慢慢地走进故居，了解这位文学大师和伟大的革命者成长的经历，纷纷在他的故居前、铜像边留影。如今，按他的遗愿设立的茅盾文学奖，仍然激励着一批又一批的优秀作家。

东栅，古朴的民居沿河岸铺展，一片古色古香的青瓦白墙，商铺和客栈临街而设，一家接着一家，可以想象当年的热闹繁华。"长街迢遥两三里，日日香尘街上起。南商北贾珠玉场，公子王孙风月市"，这里有一份浪漫。"吴绫蜀锦店装垛，羌桃闽荔铺堆屯""沈三食店号楼南，四时珍品夸奇美"，这里十分繁华。"鸡肥米白盆鱼鲜，山收海贩米运船""四方客旅云屯集，一带居民星密连"，那就是真正的热闹了。电视剧《似水年华》的大部分取景点便是在乌镇的东栅。我们走进《似水年华》道具陈列室，感受着当年拍摄时的氛围。

乌镇更美在西栅。

稍作休息，我们高兴地进入西栅。

这里的石桥多。桥上，经常看到一对对情侣牵手而过。周边的景，清净似歌，精致如画，隽秀如诗，即使顶着正午的大太阳，情愫也会疯狂地滋长。原来啊，乌镇是个适合恋爱的地方，这里是恋爱的天堂。《红楼梦》来了，黛玉含情的双眸里隐藏着对宝哥哥的深情；《似水年华》来了，主人公文和英的爱情故事让无数人痴迷、叹惋。

乌镇是安静的，静中有动，似含苞欲放的淡色花蕾，如待字闺中的小家碧玉。

一个人走走是最妙的。你走在青石板路上，会觉得已回到唐宋，想吟诵一两句古诗。你看到墙边的爬山虎，轻轻抚摸着她的枝叶，借着天边的一抹阳光，正好可以拍张光线和谐的照片。你走过那些小店，如文房墨宝店、女红店、瓷器店，你可以停下脚步，看

一看，摸一摸，试一试。你的鼻子闻见香味了，来碗书生羊肉面，再要份蒸糕，你缓缓地坐在桌边，享受一顿美味。你看见那关着苍黄色门的木房子，你就可以将眼睛凑过去，透过门缝看看里边的神秘。你看见那个忘记带自拍神器的美女，可以帮她拍一下美丽的照片。你可以走到河边，轻轻地用双手掬起一捧水，看那清清的水慢慢地从指间的缝隙淌下。

一切，总是那样地慢，如时光静止的感觉。你，成了这幅自然山水画中的主角。你的心，静了下来。那烦恼的工作，那繁杂的事务，那收不回的债务，那没有完成的试卷，顿时都烟消云散。你，真正成了自己的主人。这时的乌镇，属于你一个人！

沿河而建的民居大多改成小客栈，也都保留了江南水乡小庭小院的特色，推开后窗便可见小桥流水的风景，也适宜三五知己浅斟慢酌。

踏进乌镇的女红街绣坊的木门，虽然古时的绣女已不见踪影，黛瓦白墙下的老屋早已被现代气息浓郁的绣纺品所代替，但店铺里的手工饰品告诉我们"女红街"一如她的名字那样，独具味道。在街上廊屋下、亭园内，妇女们聚在一起舞动丝线，把栩栩如生的人物、花鸟绣在毛线衣物或手袋上，仿佛让人又回归到那个刺绣流行的久远年代中。

也有手工作坊。手工制酱作坊，一瓶普通酱油 25 元。生铁锅，系手工铸造，开价为 99 元，据说最受欢迎。蚕丝作坊，益大丝号始创于光绪初年，游客可以亲手在老底子的缫丝机上操作。

在乌镇除了欣赏美景之外，更不可错过乌镇的美食。最著名的是姑嫂饼。

据《乌青镇志》记载，姑嫂饼距今已有100多年的历史。那时，乌镇方家名叫"方天顺"的夫妻茶食店，祖上学得一手制作酥糖的好手艺。因其配方独特、制作精心，味道出奇地好，深受乡民的喜爱。为了确保独家经营，方家制订了关键技术传媳不传女的家规。因为女儿迟早要嫁人，祖传秘方不得让外人学去。也不知传到了第几代，这方家生有一男一女，儿子已讨了媳妇，女儿尚未出嫁。那方某当然是继承祖训，不肯将技艺传给女儿，日子久了，那姑娘不免会产生嫉恨。有一日嫂嫂配好了料，有事暂时离开了盛放作料的粉缸。在旁作下手的姑娘顺手将一包盐抖进了缸内，并且搅拌了几下，指望着第二天看嫂嫂的尴尬。第二天天一亮，全家人照常早起开张。顾客买去一尝，大赞椒盐的味道好极了。消息传到方某的耳朵里，一时间他也丈二和尚——摸不着头脑。细细查找原因，但也一无所获。当晚方某夫妇自己操作，精心制作了第二天的酥糖，可是却无法做出像昨日卖的椒盐酥糖那种味道。方家姑娘见"弄拙成巧"，本来提起的心，放了下来。晚饭一过，她扑通一声跪倒在父母面前，说出了事情的真相，请求父母兄嫂原谅。方某听了不但不加责怪，反而大喜，连忙扶起女儿，一家人计议开了。他们不但改进了配方，而且用模子定型，给新产品取了个意味深长的名字——姑嫂饼。姑嫂饼的形状酷似棋子饼，但比棋子饼略大。姑嫂饼所有配料跟酥糖果相仿，也是面粉、白糖、芝麻、猪油等，但其

味道比酥糖果可口，具有油而不腻、酥而不散、甜中带咸的特点。

数得着的美食还有定胜糕。定胜糕的由来也有一个传说，据说是古时乌镇人们为迎接打仗得胜回来的将士而特制的一种点心。定胜糕的颜色绯红，象征着胜利。后来，因为乌镇自古以读书为荣，古时读书人考状元，亲朋好友都要做几笼香甜柔软的定胜糕送行，表达对金榜题名的良好祝愿。定胜糕的形状为荷花状，外层是精制的香米和糯米粉，米粉细而均匀，里面是豆沙馅，中间混有少量白糖和桂花，味道香糯可口，甜而不腻。

如果白天的乌镇给了你原汁原味的江南水乡的感觉，那么夜晚的乌镇会带给你迥然不同的风情。人们常说的"宿在乌镇，枕水江南"就从一个侧面解读了乌镇夜色的美妙。

西栅最美在夜晚。

入夜时分，时控的照明灯陆续亮起，将整个西栅勾画得晶莹剔透。古树下，桥拱里，水阁石柱水中，河埠台阶上，各种暖冷色调的点、块、线状灯光交相辉映。桥洞里镶嵌着无数盏彩灯，灯光映入河面，把一座座千年古桥的倒影齐刷刷地映在河面上。高耸的马头墙、观音兜，起伏的老建筑屋脊线，楼亭的飞檐翘角，甚至鳞次栉比的瓦面上都被灯光勾勒出本色的轮廓。更有民宿、酒家的红灯笼点缀其间。原住民家的门缝中、窗棂间漏出的点滴灯光透出了温暖的亲情，整个西栅仿佛琼楼玉宇，直让人有恍然不知身在何处的惊叹。

你可以自由自在地徜徉在泛着淡淡光晕的大街小巷中。听一场评书，观赏锦鲤之趣，完全不用担心亮如白昼的街道会破坏了你寻幽的心情，老街小巷除了几盏古色路灯外，照亮古老的雕花窗、门楼、风火墙的全是环保节能的 LED 光，散发着淡淡的寂寞。只有当你从街上转出去，走上石桥，才倏地展开了一个银光泻地的世界。

西栅灯光夜景最集中的地方就是西市河，沿西市河泛舟，船如同在灯河中漂浮，水中灯光辉映，船桨轻摇，如划破了一池碎银。从一座座石桥中穿越，好像穿梭在一个个时空隧道里，如若有心，还可以停船细读那一副副意味悠长的桥联，在夜色中咀嚼历史文化的片段。乌篷船上，桨声灯影里，慢慢地前行，看夜色在水中慢慢升腾成一幅又一幅风景画。不用带相机，你用心品味就是了。身边有三两朋友最好，有一些白酒更妙，乌镇本地的三白酒为佳。朋友在，话语也不须多，三言两语，胜过千言万语，尽在不言中。夜空中如果有星星，星星们一定是带着笑脸；如果有萤火虫，萤火虫们一定是提着灯笼在唱歌。

清晨时分，当阳光还被挡在蛎壳窗外，欸乃的橹声把你从梦中慢慢摇醒，打开民宿厚重的木门，千年古镇如水墨画般展现在你眼前，这时，尘世的喧嚣、烦躁在这里一洗而净。

在乌镇，若能小住几日，该有多好啊，那时就更能体会江南水乡悠闲恬淡的意趣了。但是，我是不能了啊。我要回去，我又要回到我的世界里。

我的心，辗转反侧地跳动着。我矛盾。我叹息。

饰演《似水年华》女主角的刘若英说："来过，便不曾离开。"

这句秀美的广告语，撞击着我的心灵。

乌镇，我来过，我不曾离开。因为，我的心，已经安静地放在这里。

风流才子文徵明夜宿乌镇时写下一首诗："雨涤山花湿木乾，野云流影入栏干。泉声漱醒山人梦，一卷残书竹里看。"这首诗别有一番风味，我又怎能体会不到呢？如果可能，我愿意住在乌镇，让我的身，连着我的心。

在乌镇，我的梦里终将会定格一张照片：午后的阳光下，乌篷船头，青花瓷的茶壶，我和我的朋友们，静静地听着船桨轻轻地划水的声音，慢慢地捧起一杯白菊茶。

塞上江南是银川

我是到过江南的。

江南草长莺飞的三月，青葱一片，一朵绿、一点雨就是勃勃生机。不想，来到陌生的西北，我居然也能遇着江南了。

这是塞上江南，这是大西夏王国的领地。这里是宁夏。

大英雄岳飞有词曰："……驾长车，踏破贺兰山缺。"我的第一站，想着到贺兰山看看，去看看岩画。

贺兰山在古代是匈奴、鲜卑、突厥、回鹘、吐蕃、党项等北方少数民族放牧游猎、生息繁衍的地方。这些可爱的先民们，他们把自己生产生活的场景凿刻在贺兰山的岩石上，来表现对美好生活的向往与追求，再现了他们当时的审美观、社会习俗和生活情趣。据说，贺兰山岩画属全国重点文物保护单位，其中最具有代表性的是贺兰口岩画。

贺兰口俗称"豁了口"，距银川城50余公里，位于贺兰山中段

的贺兰县金山乡境内，山势高峻，海拔 1448 米。进入山口，景色幽雅，奇峰叠嶂，潺潺泉水从沟内流出。进入景区，有大画家韩美林先生题写馆名的贺兰山岩画馆立在眼前，一旁是韩美林个人艺术馆。在参观完岩画馆之后，有漂亮的导游引领着我们进入山口，一一为我们解说。

在山口 600 多米的山岩石壁上，有千余幅个体图形的岩画。画面艺术造型粗犷浑厚，构图朴实，姿态自然，写实性较强。以人首像为主的岩画占总数的一半以上。人首像画面简单、奇异，有的人首长着犄角，有的插着羽毛，有的戴尖尖的或圆顶的帽子。那些表现女性的岩画，有的戴着头饰，有的挽着发髻，风姿秀逸，再现了几千年前古代妇女对美的追求。有的大耳高鼻满脸生毛，有的口衔骨头，有的面部有条形纹或弧形纹。还有几幅面部五官似一个站立的人形，双臂弯曲，两腿叉开，腰佩长刀，表现了图腾巫觋的形象。

也有不少展示牛、马、驴、鹿、鸟、狼等动物图形的岩画。这些岩画构图粗犷，栩栩如生。有奔跑的鹿，有双角突出的岩羊，有飞驰的骏马，有摇尾巴的狗，有飞鸟和猛兽的形象，有人的手和太阳的画面，还有原始宗教活动的场面。

贺兰山上这些数以万计的古代岩画，记录了远古人类放牧、狩猎、祭祀、征战、舞蹈、交媾等生活场景，加上那些羊、牛、马、驼、虎、豹等多种动物图案和抽象符号，揭示了原始氏族部落关于自然崇拜、生殖崇拜、图腾崇拜、祖先崇拜的文化内涵，是研究中国人类文化史、宗教史的文化宝库。

如果说贺兰山岩画是人类童年时期的美丽语言，那么西夏王陵则是辉煌历史的火光遗迹。

来到银川，你一定要去拜谒一下西夏王陵。

西夏王陵又称西夏帝陵、西夏皇陵，是西夏历代帝王陵以及皇家陵墓。西夏王陵坐落在贺兰山东麓，在方圆 53 平方公里的陵区内，分布着 9 座帝陵、254 座陪葬墓，是中国现存规模最大、地面遗址最完整的帝王陵园之一。

壮观的 9 座王陵，在阳光的照耀下，显得金光富丽。这里最早的一座王陵距今有 900 多年历史，如此漫长的岁月，许多附属建筑如阙门、碑亭、月城、内城、献殿、内外神殿、角楼早已被风雨侵蚀而毁坏坍塌。但为什么以夯土筑成的 9 座王陵主体却依然挺拔独存，一直是考古学家探寻的答案之一。

到了银川，你不能不去镇北堡西部影城。

要认识镇北堡西部影城，先要认识一位伟大的作家——张贤亮。1969 年，尚在农场劳动改造的张贤亮发现了镇北堡古堡遗址。1980 年，张贤亮调到宁夏文联工作，他将镇北堡介绍给《一个和八个》摄制组。此后，影视剧组陆续来此取景。1982 年，根据张贤亮小说《灵与肉》改编，由谢晋执导的电影《牧马人》来此取景，影片获得马尼拉国际电影节奖。1993 年 9 月 21 日，张贤亮正

式创办镇北堡西部影城。2007 年 4 月，镇北堡西部影城，被评为"中国最受欢迎旅游目的地"，是中国十大影视基地之一，在 2018 年中国黄河旅游大会上被评为"中国黄河 50 景"。

镇北堡西部影城以其古朴、原始、粗犷、荒凉、民间化为特色，由明城、清城、老银川一条街等多处影视拍摄景观组成。

我一个人，慢慢在景区游走。进入景区，是一大片的向日葵地。和大多数游人一样，我也拍了一些照片。但，这还只是游玩的开始。

清城，位于镇北堡西部影城北端（景区正门口），建于清乾隆五年（公元 1740 年），是明城被地震摧毁后奉乾隆旨意夯筑的另一个兵营，故名"清城"。两座兵营相近，可见贺兰山东麓的军事价值。清城外形似大龟，取"灵龟下山，吉祥如意"之意。清城内部以各种民间、民俗工艺表演为主，主要景点有瓮城、幸运之门、神秘山洞、百花堂、影视一条街、古堡龟卦、都督府等。清城堡的第二道城门，被称为"幸运之门"。之所以被称为"幸运之门"，因位于贺兰山中段，有卧龙怀珠之势。在该座城门拍摄取景的影视作品《朱元璋》《飞天》《大话西游》等都大获成功，所以中国影视界就把这座城门叫作"幸运之门"。

明城，位于镇北堡西部影城西南端（清城南侧），建于明弘治年间（公元 1500 年），是明代沿长城西北线所建的众多军事要塞之一，取名"镇北堡"。清乾隆三年（公元 1738 年），镇北堡兵营毁于地震。明城体现原始、粗犷、古朴、荒凉的自然面貌，是影视城的主拍摄场景，主要景点有聚宝盆、牧马人、月亮门、关中城门、柴草店、盘丝洞、定州总管府、酒作坊、九儿居室、铁匠营、遗址廊、招亲台、龙门客栈等。明代所建镇北堡被震塌后，清政府重修兵营。镇北堡一地有两府兵营，为中国独有的现象，形成一个"太极图"。

又去老银川一条街转了转。该景区以复制原"宁夏省国民政府"（即"马鸿逵官邸"）的建筑物为中轴，以新中国成立前银川市最繁华的"柳树巷"为蓝本而打造，再现了当年的老商铺、老街巷。街长 120 米，街道两侧店铺林立，有银川市历史展、消防科普教育展、日韩小商品专卖场、承天寺戏园等。

慢慢往回走。在景区长廊，看到不少熟悉的照片，他们都到过这儿。有导演刘镇伟、李惠民、何平、谢晋、张艺谋、王家卫等，有演员周星驰、朱茵、吴孟达、吴京、巩俐、张国荣、林青霞等。在这里，拍摄过《一个和八个》《牧马人》《红高粱》《新龙门客栈》《虎兄豹弟》《大话西游之月光宝盒》等电影，拍摄过《朱元璋》《书剑恩仇录》《黄河绝恋》《断仇谷》《古堡情事》《哥哥你走西口》《大夏宝藏》等电视连续剧。镇北堡影城，是生产电影明星的兵工厂。

游走在镇北堡西部影城，你就成了影视中的人。你在电影《龙门客栈》拍摄点前一站，仿佛你就是一位大侠。在电影《红高粱》

拍摄点坐一坐，九儿就成了你的媳妇了呢。

游走在塞上江南，我的最后一站要去哪儿，湖南卫视《爸爸去哪儿》剧组告诉我，那就是中卫沙坡头。我原本订好了从银川出发的火车票，于是，我选择在中卫上车。

腾格里沙漠，蒙语是"像天一样辽阔"。在中卫，名之"沙坡头"。中卫沙坡头，是国家 AAAAA 级旅游景区、国家级沙漠生态自然保护区，曾被评为"全球环保 500 佳单位""全民健身二十个著名景观"。沙坡头，其实就位于腾格里沙漠的东南边缘，东起二道沙沟南护林房，西至头道墩，北接腾格里沙漠，南临黄河。

沙坡头集大漠、黄河、高山、绿洲为一处，既具西北风光之雄奇，又有江南景色之秀美。进入景区，确实好玩。在这里，有中国最大的天然滑沙场，有横跨黄河的"天下黄河第一索"，有黄河文化的代表古老的水车，有沙漠中难得一见的海市蜃楼。我一会儿开心地骑着骆驼穿行在腾格里沙漠，领略大漠孤烟、长河落日的奇观；一会儿又畅快地乘着越野车沙海冲浪，让自己尽情释放；一会儿小心地上了天然滑沙场的滑沙板，从上飞下；一会儿又悠闲地坐着黄河上最古老的运输工具羊皮筏子，畅快地穿行母亲河。

大漠长河，驼铃声声。其实，我那时就想，我的身边，如果有我的小伙伴一起游玩，那该多好。

在宁夏停留不过五天，作为在江汉平原生活的我，确有感触。所谓与文字打交道人之眼睛，到一座陌生之城应该有所直射。了解一座城，到人多的广场转转，坐坐的士，更要坐坐公交。公交车人少，让身处江汉平原一向拥挤的我添了些落寞。银川这座城，安静如处子，似乎一切待开发。我随意地写下关于银川的打油诗：

银川印象

男女老少身材好，花草树木长不高；

宽阔马路难见车，公交车上乘客少。

羊肉牛肉天天吃，鱼虾鸡猪烹不了；

面粉天生好质量，包子馒头任我俏。

贺兰山高挡风沙，黄河母亲身边绕；

全年降水如流泪，不及湘楚三日浇。

最好建筑清真寺，最美风景小白帽；

待人以诚民风淳，客宾悠悠乐逍遥！

在银川，有属于大众的美食，我也乐于品尝，那是一份独特的美食记忆。羊肉泡馍、爆炒羊羔、羊杂烩、羊臊子面、牛肉包子、砂锅牛肉面……一个也不放过，我尽情享受银川的特色美食。

值得开心的事是，我的老同学西武，在这里的招商局工作，我们两人找了家路边特色小店，吃着炒羊羔，喝尽了两瓶白酒，不亦快哉！更让人意外的是，在银川，我们又偶遇老同学——博导、教

授刘平青，又是一番畅饮。

银川，我们相互记住了自己。银川五日，晴空万里；离别之时，扬沙飞起。西北天空，让人着迷；只一刹那，记住了你！

回程的票，我仍然选择卧铺。卧铺火车慢慢行，小说构思心中成。在火车上，我又开始构思我的小说了。

小雪细雨篁岭行

　　想要看看中国最美乡村，那当然是到婺源。走进婺源，你觉得处处是景，让身处平原的我们没法选择。

　　"当然是到篁岭去啦。"同行的导游小叶建议。

　　小叶看起来20多岁，一个很精干的小伙子，他是施老师20多年前的学生汪总派来的。我和施老师，都是全国中学语文教师"四方"杯大赛的评委。大赛刚刚结束，我们就想着在婺源转转。施老师70多岁了，精神矍铄，仍兼职做着《读写月报》高中版的主编。我是他的老作者，他是我的父辈，我们两人算是忘年交了。他叫上了他的老伴叶老师，一位学识丰厚又和蔼可亲的阿姨。

　　小叶既是司机，又是导游。小车像匹自由的小马，驰骋在婺源的公路上。每经过一处景点，小叶就向我们讲解景点的来由。路过钟吕村，小叶说，这就和"黄钟大吕"有关了。钟吕村这个名字，确实有古风之韵，我直叫着"好"。叶阿姨是婺源人，她说："这种类似的地名多了呢。"于是，她一下子说了好几个地名，比如清

华、紫阳、诗村、思口、江湾、流头、弦高等。一听地名，我们就知道藏于其中的古韵之味。施老师呢，则讲起了婺源的名人，由鸿儒朱熹说到秦桧，说到当地的"秦"姓人改姓为"余"的趣事。

车窗外飘着小雨，虽有些冷，但我们却觉得分外温暖。

到了篁岭，我以为会见到成片的竹林，会有王维先生"独坐幽篁里，弹琴复长啸。深林人不知，明月来相照"的意境。可惜，只在山脚下零星地点缀着些竹子，没有一点儿气势。

进入景区，却下起了小雪。小雪落在我们的脸上，有些冰凉，却觉得更有意思。施老师和叶老师年龄大了，我们担心着他们的安全。他们却乐呵呵地说没有问题的。看见一座玻璃桥，我们走过去。但早有守桥人站立一侧，说担心摔倒，只是让我们上桥去拍拍照片。我们答应着，开始摆拍。守桥人又开始提醒着施老师夫妇，施老师应声说："我的胆子本来就小的，你放心好了。"让我们哈哈大笑。雨雪天气，在这玻璃桥上拍张照片，居然有着不一般的效果。那细碎的雪粒，似乎融进了脚下的玻璃，不那么透明，有了些朦胧的感觉。

走出玻璃桥，我们来到不远处的观景台。站在观景台上，远望对面层层的梯田，一层一层，像一级一级大大的台阶，生长着青绿的油菜。山间有雾气升起，像仙境一般。

"要是到了阳春三月，就是油菜花的季节了，可美丽啦。"小叶说。

寒冬里的我们只能想象着明年三月的美好了。靠近几株有金黄树叶的树木，映着对面的绿油油的梯田，我们也拍出了色彩分明的照片。继续向前走，就进入古村落"天街"了。天街，我想象着应该有郭沫若先生《天上的街市》的美景吧。不过，待我们走近天街古村的石牌坊时，我觉得这意境远远胜过郭沫若先生诗中的味道，超过他一个大诗人的想象了呢。沿途，有着当地最有特色的小吃。手工豆腐飘着芳香，清明果正绿油油地抖动着身子，簸箕里的面团像变着魔术，还有那冒着"热气"的冰淇淋，诱惑着成群的年轻人。

小雪不停地飘着，小雨也不停地落着。我们打着雨伞，慢慢地前行。每走一步，我们觉得都是最好的景。这里的主要景区呈扇形，我们由扇形的左边向上走。脚边，有流水慢慢地向下流动着，在这雨雪天里也像极了配好的乐曲。

如果说，婺源古村是中国古建筑的大观园，篁岭无疑是一朵雅致动人的花朵。篁岭处处闪烁着民俗风情的亮点，这里是一幅流动的缩写版《清明上河图》。

篁岭至今保存着良好的徽式古村落格局，有原汁原味的古村落风貌及民情民风。篁岭村庄的房屋结构特殊，农家一楼大门前临大路，大门后是厅堂；户户二楼开后门，可到达更高处的另一条大路，二楼前门拦腰上下砌墙，与屋外搭建的水平木头架连成一体，用以晾晒农作物，较好地解决了坡地村庄无平坦处晒农作物的矛盾。

这样的房屋结构，正是为着"晒秋"。晒晾农作物使用竹晒簟，既不占地方，又便于收藏。每年的收获季节，房屋间成了晒簟的世界，五颜六色的农作物与黑色屋顶之间重重叠叠，甚是壮观。

有一家古砚店，施老师建议我们一起进去看看。婺源是砚盘之乡，自然，那些砚盘是同类中的极品了，价格也不菲。我们只是看看，用手轻轻抚摸着，也算是饱了所谓的书生之福了。

然后，我们走进古村落的祠堂。这里的人全部姓"曹"，没有一家外姓，都是从河南上蔡迁来的。祠堂有些年头了，据说，在"文革"期间也没有被毁坏。这真是一件幸事。祠堂里供奉着曹氏宗亲有名望的祖人，有两任宰相、多位进士。屋内有关于当地嫁女习俗的小型雕塑，极具地方特色，颇有趣味，吸引着大量游人驻足。祠堂里边还有书房，是孩子们读书的地方。

出了祠堂，我们继续向上行，就到了晒秋景点的最高处。在这里可以鸟瞰整个晒秋的屋子，让你感受到满心的收获喜悦。即使仍然下着雨，我们也忙着掏出手机，不停地拍下一张张美丽的照片。

慢慢在山路上行进着，我们用眼睛搜寻着篁岭的美。秋冬的篁岭，千棵珍奇古树环绕，以红豆杉、枫香、香樟为主。枫香红叶映衬着山居古宅，数千亩梯田簇拥着古村落，红透的乌桕树生长在田垄上，点线面构成的天然美景，犹如进入童话般的世界。可以说，篁岭既是自然的宠儿，也是人类的杰作，更是造物主遗落在人间的一块美玉。而这个时候的篁岭，我们只能在雨中感受到她的魅力了。

就要下山了，我们意犹未尽。我的眼，不停地回望着篁岭，这块雨雪之中的美玉。

回来的路上，似乎很快。施老师 32 年前毕业的学生们，早已在婺源县城准备好午餐等候着他了。他和叶阿姨感受着做老师的幸福，我也一同分享着他们的幸福。

我坐在回程的高铁上，忽然想起了东坡先生寻好友张怀民所写下的句子："何夜无月？何处无竹柏？但少闲人如吾两人者耳。"何处无景？何处无枫竹？但少闲人如吾与施老师耳。小雪细雨篁岭行，成为我们一生的美好记忆。

水秀山明玉碣石

外出游走，在一片大山上遇见一座古刹，在一个小镇上邂逅一条古街，在一条大街上寻见一件古玩，也许，就在这丝丝的古意里，我们得到了些许的满足。

但是，一座小镇，一整个的小镇里，那里的水，那里的山，那里的人，都散发着诱人的古朴，这就很难见到了。走进碣石镇，你就走进了古朴里。她正如天外仙山散落的一块美玉，安稳地歇在了这南海边。水是南海水，山是玄武山，水秀山明玉碣石。

老同学雷好几次有意无意地提起到碣石镇去走走，说很值得一看。于是，就有了这次夏日的碣石之行。迎着傍晚的风，我们在晚上九点多开车到达约定的晚餐地点浅澳海滩。当地好友英一家人，早就点好了美食等着我们一行人的到来。

我们的话题从一盘盘菜开始。每一道菜，都和海相关。上一道菜，好友英就向我们解说菜的原材料与做法。这里的海鲜，吃着有味，却感觉不到丁点的腥味。

"碣石人可以不玩，不穿，但讲究吃，靠海吃海。"英说。讲究吃就是讲究养生，他们每天早上都吃粥，喝着用海鲜慢慢熬成的清汤。晚饭之后吃甘草水果，采用当季新鲜水果配以甘草汁或者南姜粉、梅粉相拌而成，吃起来却酸甜可口。一般人海鲜吃多了身体可能会出问题，但碣石人天天吃海鲜，居然没有哪项身体指标超标。英不停地用普通话和我们说话，我们也享受着海鲜美味带来的快乐。但他也不时和孩子说着他们的方言，像唱歌一样，很有韵味。我一句也听不懂，但我却来了兴趣。

碣石人说的话叫作"学佬话"，是和正宗的闽南话有区别的。但说这两种语言的人，在一起交流却没有障碍，他们相互之间能够听懂。学佬话保存着许多的古音、古词汇和古语法，被学术界称为"汉语言的活化石"。他们说话，抑扬顿挫，富有韵律，就像是唱歌一样。如果上了年岁的人，自然地加进当地的歇后语和谚语，更是妙趣横生。

吃着刚刚上岸的海鲜，听着唱歌般的话语，海风阵阵，海浪声声，我们就走进了海的世界。夜色里，我们走到了海边。海中的渔火，正一字儿排开。

"这是在捕鱼呢，这个季节正捕捉那些可口的墨鱼仔。有了灯火，那墨鱼仔就会顺着渔具爬上来呢。这时候还没有，过了晚间十二点，可以买到最新鲜的墨鱼仔，我们那时再开始吃。"英说。

"那太晚了，我们就明天吧。"我说。

　　英轻轻一笑："早着哩，我们碣石镇整个晚上都是灯火通明的。这才是真实的碣石。"

　　我们回到宾馆房间，稍作休息。刚刚过十二点，英的电话来了，约着去了一间酒吧。酒吧是英开的，人不多，声响不大。有人正用粤语唱着张学友的歌，一首接一首。碣石镇的海的对面就是香港，他们可算得上邻居了。

　　碣石，是南海边碣石湾畔的小镇，其实更是一个拥有近千年历史的古卫城。它建制始于唐代元和末年，千年的历史留下的是"锦江城、碣石卫、石桥盐场、老苏城"这些记号。千百年来，各朝各代各地的官员、将士在这里驻守。同时，他们带来了家人及随从，也带来了各地的文化风俗。各种文化融合之后，渐渐形成独特的地方民俗，沉淀成碣石特有的深厚的文化底蕴。

　　英的弟弟帮他管理着这间酒吧。听说，英还有药业、物流等多项产业，也有他的兄弟或外甥帮他照管。他们，其实就是一大家子人，一起创业，一起管理，并没有分家。看到我有疑惑，英问我们："你们来时，看到每隔不远处就有家族祠堂了吗？还有，每家每户门前的装饰全部一样，也与你们当地不同吧？"我们连连点头。原来，在碣石，宗族观念十分强。最大的家族观念，先讲究同姓，然后讲究同族，再就讲究同室。他们每一姓都有自己的家族祠堂，每月初一、十五都要去祭拜先祖，并且有专用的祭品。家族中是绝对尊重老人的，更不要说有不赡养老人的事发生了。老人逝世，会举行隆重的丧葬仪式，甚至没吉时会延迟下葬。生养子女，也是他们特别热衷之事。多子多福的观念，已经深深地嵌入了他们的心里。其间虽有糟粕，但主体上还是传承了中华民族最古朴的家族情怀。

深夜一点，我们开始吃新鲜的墨鱼仔。活蹦乱跳的墨鱼仔，清洗之后放进蒸锅蒸熟，蒸时要特别讲究火候，不然入不了味。端上来，我们用筷子夹一个，蘸点酱，放进嘴里。咬一口，那如墨的黑就印在了嘴唇上。"这就是好墨鱼仔哦。"英说。

回到酒店的时候，街道上的人仍旧川流不息。我们却要睡觉了，因为计划着早上起床之后，去玄武山转转。

风景名胜玄武山，是国家 AAAA 级旅游景区。玄武山景区内共有八个景点，古寺钟声、宝塔观海、玉阁飞笙、石牌巍峨、鱼跃龙门、三台保障、四美怡情和麟石翘首。有人曾用一首诗来概括："玄武三台景色鲜，玲珑宝塔接云天。三台拱北长保障，四美流传永固坚。麟石嵯峨移古迹，龙岩淑滞起人贤。清居自得堪容喜，水秀山明出天然。"玄武圣地，佛光普照，到了玄武山，就一定得进元山寺。

碣石人崇尚祭拜，每年从除夕开始，每家每户挂大红灯笼，贴大红对联，放大红鞭炮，庆祝着自己的"年"。对祭拜他们从不怠慢，若怠慢了祭祀，就是怠慢了自己的先祖，怠慢了自己未来的生活。或许，这正与碣石人祈祷出海平安有关。

春节时碣石人自己表演节目。此时也是喜庆气氛最浓的时候，

有个俗称"闹热"或"老热"的活动，他们叫作"营老爷"。"营老爷"是一个祭祀活动，祈求风调雨顺，全民平安。所说的"老爷"是碣石人心中的守护神。其中，有最具特色的英歌舞、舞龙、潮剧和五色狮灯舞等活动。五色狮灯舞相传在明洪武年间就开始了，一直传承，逐渐成为碣石镇最富有地方特色的民间传统娱乐节目。

碣石小镇，一草一木都保留古韵。著名的玄武山上也好，平凡的百姓人家也罢，木雕、石雕、贝雕、贴瓷画、水墨书画、碣石麦秆画等，到处都可以看到。那看似很精妙的艺术情结，就在这民间工艺的细微之处显现出来。

"我们的好朋友英，就是当地小有名气的书法家呢。"老同学雷介绍说，"说不定，迎着你走来的跛足老汉就是一位高深的民间艺术家。"

中午，阳光正好。我们一行人来到海边，光着脚丫，踩在沙滩上，任凭海风吹拂，任凭海水一阵一阵地涌来。"东临碣石，以观沧海"，曹操眼中的碣石虽不在这南海边，但他那份欣喜和抱负却深深感染着我们，立在碣石的海边，在阵阵海浪声中寻得人生的惬意。

坐在车上，远望碣石，她就像一块玲珑剔透的巨大美玉，安然地躺在南海边。水是南海水，山是玄武山，水秀山明玉碣石，成为一个碣石镇外人的幸福向往与甜蜜记忆。

正定访古

在石家庄开会，我觉得石家庄的天空总是灰蒙蒙的，像中年汉子好几天没有洗过的脸，布着东一片西一片的尘土。如果说紧靠着石家庄的北京城是个光鲜的城里大哥，那么石家庄就是这城里大哥的乡下小弟了。会议结束了，我也没有出去转转的打算。

"到正定去啊，那是座古城，离这里很近的，好玩。"酒店服务员小声地对我说。

印象中我知道正定县，是"习大大"年轻时在那儿做过县委书记的缘故，没有想到正定还是座古城。正定古称常山、真定，历史上曾与北京、保定并称"北方三雄镇"，是国家历史文化名城、中国民间艺术之乡。

我立即跳上公共汽车，前往正定。不过40分钟车程，就到达正定县城。路口，到处是景点指示牌。我本来是想先进"荣国府"的，当在常山路看到"赵云庙"的提示时，我决定先到赵云庙看看。我是个三国迷，我记得还在读小学三年级时就"连滚带爬"地

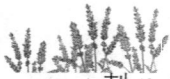

读完了《三国演义》。那个白袍将军，那个出口便道"我乃常山赵子龙也"的常胜将军，想不到我在正定能够遇上他。下了汽车，我走了三分钟，就到了赵云庙。庙前立有赵云骑马拿枪的雕像，高大威猛。我曾驾车经过湖北的当阳，是赵子龙当年单枪匹马杀了个七进七出的地方。可是，当阳的赵云雕像显得秀气，不似这里的雕像有气势。赵云庙里面有庙门、四义殿、五虎殿、君臣殿和顺平侯殿，依次展开。这雕像，这庙宇，算是对子龙将军最好的纪念了。

我接着前往"荣国府"。景点之间相隔不远，我走了大约十分钟就到了。"荣国府"，是 1987 版的电视剧《红楼梦》的拍摄地。小说《红楼梦》是经典自不必说，但在拍摄条件相对较差的 1987 年，能够拍摄出如此精良的电视连续剧，的确让人称奇。荣国府主要由荣国府景区、宁荣街景区、曹雪芹纪念馆等景观组成，是根据中国古典名著《红楼梦》中所描绘的"荣国府"设计和建造的。《红楼梦》剧组在荣国府拍摄了近两个月，共 2000 多个镜头，其中"元妃省亲""秦可卿出殡"都是在这里取景拍摄完成的。

宁荣街景区，位于荣国府右侧，是一条再现康乾盛世景象的仿古街道，参照乾隆南巡图设计。最外边是曹雪芹纪念馆。曹雪芹纪念馆主体展厅分为曹雪芹生平展、曹雪芹书房、红学展、曹雪芹家世展、红学名家展、红楼文化、民俗器物展七部分。曹雪芹纪念馆通过陈列实物、图书、美术作品等描绘了曹氏家族由盛到衰的发展过程，探索了《红楼梦》创作的生活渊源。

进入荣国府景区，这里为一正两厢鹿顶耳房钻山形式的多进四合院，分中、东、西三路。中路依次是荣府大门、外仪门、向南大厅、内仪厅、荣禧堂、后围房、贾政公务院。中路建筑采用了宫廷式彩绘。东西两路为内宅院，采用了苏式彩绘。西路有西角门、垂花门、大理石屏风穿堂、贾母花厅、贾母正房、荣庆堂、凤姐院。东路是王夫人院、贾赦院。每处小景点，都在播放着当年电视剧《红楼梦》里的经典片段，让人久久回忆。在荣禧堂，看见一副对联"座上珠玑昭日月，堂前黼黻焕烟霞"，我陷入凝思。我和学生一起学习《林黛玉进贾府》这篇课文时，认真研读过与荣禧堂相关的好几个细节。

如今的"荣国府"，不仅能带给我们回忆经典的欣喜，更能带给我们对大清王朝衰落时期些许碎片的沉思。

在正定，自然要看一看古塔、古寺庙等古建筑的。正定的古代建筑，素有"三山不见，九桥不流""九楼四塔八大寺，二十四座金牌坊"的美誉。我决定前往最著名的隆兴寺。始建于隋开皇六年的隆兴寺是中国著名的十大名寺之一，被梁思成先生称为"京外第一名刹"。寺内铜铸的千手千眼观音堪称世界之最。造型独特的宋代建筑摩尼殿，被梁思成誉为世界古建筑的孤例。龙藏寺碑，被誉为"隋碑第一"。五彩悬塑观音，被鲁迅先生惊叹为"东方美神"。进到隆兴寺内，果然古木参天，殿宇巍然。我慢慢地走，慢慢地品味着正定不一样的寺庙文化。

大约两个小时，我浏览完了隆兴寺。我想再看看其他古塔、古寺，也想着要和地道的正定人说上几句话。正好，有辆骑电动三轮

车的老师傅走近了我，说开着车带我去转一转。我上了车，一问，知道老师傅已是七十六岁的年龄了。于是，我问起了"习大大"当年在正定做县委书记的事儿。老师傅很是健谈，说起"习大大"，他自豪不已，说当年"习大大"还和他握过手呢。他向我介绍正定的一些景点，开元寺钟楼是中国现存的唯一的唐代钟楼，还有天宁寺凌霄塔、开元寺须弥塔、临济寺澄灵塔、广惠寺多宝塔等也值得一看。老师傅将我拉到崇因寺前，告诉我说："这里有好几处景点，看完后你可以上正定古城墙逛一下。"我慢慢地行走着，近观眼前的寺，远望远处的塔，像是行走在佛教历史的书页里一般。在广惠寺多宝塔前，我停下了脚步。这处辽金时代遗迹，造型奇特，建筑精美，具有极高的建筑学和美学价值。那满是沧桑的塔壁，似乎渗出满面的眼泪。

　　不远处就是正定古城墙。我缓缓地拾级而上，坐在炮台上，看着远方的天空，想着历史的天空。时光，于古于今，总是这样匆匆而逝。

绍兴朝圣之旅

我要往绍兴去朝圣。我说。

我说了好几次，但都没能成行。在去杭州第三次开会的时候，我决定会后只身前往绍兴朝圣。绍兴人杰地灵，出了一个又一个名人，有的早已成为我们心中的圣人了。匆匆在熟悉的西湖边转了半个小时，我急切地上了高铁，不过 20 分钟时间，便到达绍兴北站。

绍兴的名片是先生，鲁迅先生。他，是我们读书人心中的圣人。

这位我们读书人心中的圣人，我们读书时害怕考试中遇到他的文章，内心里却是极敬重他的。

在绍兴北站坐上 BRT 快速汽车，不到一个小时，我顺利到达鲁迅故居。鲁迅故居，包含三味书屋、周家老台门等主要建筑，在 1988 年被列为全国重点文物保护单位。

远远地就看到了鲁迅先生的木刻画像，那抽着烟的样子，有着全中国人都熟悉的神情。那缓缓腾起的烟雾，像先生的思想一样散布在神州的天地之间。规模不大的广场上，立着两个铜像，是鲁迅

笔下的人物——少年闰土和祥林嫂。

一旁有小河轻轻地流淌着，戴着旧毡帽的船夫正摇着乌篷船在河上缓缓前行。有兴趣的游客，三三两两地跳上了船，绕着小城转一圈，感受着先生小时坐船偷豆的乐趣。

周家老台门，是鲁迅先生祖辈世居之地，前临东昌坊口，后通咸欢河，西接戴家台门。这座典型的封建士大夫住宅，建于清乾隆十九年（1754年），是绍兴市目前保存最为完好的台门建筑。整个建筑坐北朝南，以砖木结构为主，由台门斗、大厅、香火堂、后楼共四进组成，东西两边各有厢楼。走进老台门，看着蓝天白云下的青瓦粉墙，我们可以想象着当年周家生活曾经的繁荣。当年的迅哥儿，在这老台门里进出，每逢节庆或先祖的祭祀日，他和他的兄弟们，是会在这里行礼的。幼时一向淘气的迅哥儿，不知道在这儿受过父亲的责骂声没有？

三味书屋在哪儿呢？刻着"早"字的书桌又在哪儿呢？我在心里嘀咕着想要找到。走出周家老台门，抬眼一看，河的对面就是书屋，隐约可以看到"三味书屋"的匾额呢。随着人流，走近三味书屋，我心里惊奇着。

书屋正中上方悬挂着"三味书屋"匾额，是清朝著名书法家梁同书所题。这个清末绍兴城里著名的私塾，本是寿家的书房，寿镜吾先生在这里坐馆教书达60年。鲁迅先生自12岁至17岁在这里求学。方正、质朴和博学的寿镜吾先生，连同那些可爱的少年，在鲁迅先生笔下是那样地饶有趣味：

于是大家放开喉咙读一阵书，真是人声鼎沸。有念"仁远乎哉我欲仁斯仁至矣"的，有念"笑人齿缺曰狗窦大开"的，有念"上九潜龙勿用"的，有念"厥土下上上错厥贡苞茅橘柚"的……先生自己也念书。后来，我们的声音便低下去，静下去了，只有他还大声朗读着：

"铁如意，指挥倜傥，一座皆惊呢；金巨罗，颠倒淋漓噫，千杯未醉嗬……"

我最有兴趣的当然是那个"早"字。三味书屋不过三十多平米，是不允许游客进入的。循着导游的指引，我们找到了先生当年的书桌，看见了书桌右上角刻上的"早"字。就是这小小的"早"字，不仅刻在了先生的心里，还刻在了一代又一代读书人的心中。

从三味书屋出来，沿着小河走不了几步，就到了鲁迅纪念馆。鲁迅纪念馆始建于 1953 年，里边收藏鲁迅先生用过的文物资料。据说，纪念馆里有不少专家专门研究鲁迅先生及其作品、思想。可惜的是，这座鲁迅纪念馆过于现代化，让人觉得少了些鲁迅故里的古朴风貌。走进纪念馆，里面的空调凉爽，让游人们找到一个好的去处。在先生那句"横眉冷对千夫指，俯首甘为孺子牛"条幅前，我留下了我的身影。

自然是要去百草园里转一转的，这是先生当年的乐园。

百草园在周家新台门，这里是鲁迅故居，是他当年生活的地方。周家新台门位于东昌坊口西侧，坐北朝南，其规模、结构与老台门基本相同，是一座大型的台门建筑。整个建筑同样青瓦粉墙，砖木结构，共分六进，有大小房屋 80 余间，连同后面的百草园在

内，共占地 4000 余平方米。

走进鲁迅故居，我寻觅着先生当年的气息，寻找着先生当年的足迹。少年的鲁迅，就在这座故居里有过一段快乐的时光。他和他的小伙伴们常在这里玩耍嬉戏，夏天在园内纳凉，冬日在雪地上捕鸟雀。他们淘气地品尝过桑椹和覆盆子的味道，他们在矮泥墙根一带捉蟋蟀、拔何首乌。可是，如今这园子，没有了原来的模样，只剩下不多的植株。这已不是先生笔下的园子，更难让人感受到先生当年的快乐。故居后边有个水榭庭院，搭着一个小小的戏台子。听说，每天在固定时间段有越剧表演，比如《桑园访妻》《蝴蝶梦》等几分钟的折子戏。走过小戏台，似乎就有了当年《社戏》的情趣。

在石板路上慢慢地走，我在寻觅鲁迅先生小时候的味道。我没喝黄酒，只是买了根黄酒冰棒，然后又品尝了当地的特色小吃木莲冰豆腐。

继续向前走，就到了咸亨酒店。咸亨酒店创建于清光绪甲午年（1894 年），是酒乡绍兴最负盛名的百年老店。鲁迅先生的小说《孔乙己》使咸亨酒店闻名中外。"咸亨"二字源于易经坤卦"品物咸亨"一句。"品物咸亨"意为"万物得以皆美"。然而，如今的咸亨酒店，也仅仅是一家饭馆了，门前有扮作孔乙己的人，正邀人一起合影，收取少量的酬金。

拜访鲁迅故居，我有着一种朝圣的心情，崇敬而庄严。在这炎热的夏日里，让我感受到平静和凉爽。

去看一个寂寞的人

　　深秋时节在西安小住，见有半日空闲，我决定去看一个寂寞的人。

　　走进园子的时候，时值正午，阳光正好，温暖铺满了一地。我踩着刻印着朝代的石阶拾级而上，历史仿佛就在这里开始向前回转延绵，中华人民共和国、民国、清、明、元、宋、唐、隋、晋、汉、秦。有山门立着，上书"秦二世皇帝陵"。一旁，是那个历史闹剧"指鹿为马"的场景雕像群。远远地就可以望见赵高一副颐指气使的蛮横样，周围是几个露出诌媚笑脸的臣子。主人公胡亥，一脸的无奈，眼神无光，不知所措，似乎话语哽在了喉咙，一个字说不出的样子。我轻轻一笑，继续朝前走。

　　当年，正是这位只手遮天的赵高，导演了一幕精彩的历史剧。权欲膨胀的他，不再是写出完美篆书的书法家，而是想在秦始皇驾崩之后牢牢地将大秦王朝的权柄握在自己手中的贪欲之人。赵高像一头凶残的猛虎，将目标瞄准了胡亥这个怯懦的人。赵高威逼利诱

丞相李斯，逼死始皇长子扶苏，圆满地完成了胡亥继承帝位的大事。然后，赵高奸猾而恶毒地谋杀了李斯，将秦二世胡亥调教得像一只温驯的小鹿。秦二世在位期间继续大修阿房宫，徭役赋税较秦始皇时期更甚。他受赵高指使，滥杀手足。大秦王朝的大好河山，在赵高一只大手的遮蔽之下，在陈胜、吴广、刘邦、项羽的呐喊声中，在胆小怕事、只知享乐的秦二世手里，眨眼之间改作他姓王朝。公元前 207 年，胡亥在望夷宫被逼自杀，年仅 24 岁。死后，他以庶人身份葬于杜国属地，一个叫宜春苑的地方。大英雄嬴政先生，设计了始皇、二世、三世乃至万世之基业，可他万万没料到，这固若金汤的江山顷刻之间土崩瓦解。

向前行不过二三十米，就会看到一个圆形的大土堆。大土堆直径大约二十米，上头长满了杂草，也生了几棵小树。那树，东倒西歪的，随意地站在土堆上。我绕着土堆转了几圈，想要发现点什么。但是，除了杂树和杂草，还是杂树和杂草。土堆旁边立着两块碑石，一块印刻"秦二世皇帝陵"六个隶书大字，为清乾隆四十一年（公元 1776 年）陕西巡抚毕沅所立；另一块石碑略小，上边隐约可见"胡亥墓"三个字，为陕西省人民委员会 1956 年所立。我这才恍然大悟，原来这就是秦二世胡亥的陵墓了。我们是见过胡亥父亲秦始皇的骊山陵墓的，山体巍峨，高大威仪，神秘莫测，至今仍是个伟大的谜。我们也见过另外一些君王的陵寝，近处的如汉宣帝杜陵，远处的如隋文帝杨陵，也是威严大气。即便一些凡夫俗子的陵墓，也是精雕细琢，创意迭出。没有一个像秦二世皇帝胡亥之墓简陋如此,寂寞如斯。

我抬脚往回走的时候,一棵杂树上忽然飞起了几只鸟,胡乱地叫着飞向远处。我心里一惊,才知道我只是一个人在这胡亥的墓地边游走着。除了我,园子里没有另外一个人。而他,寂寞地蜷缩在园子的角落里,那个高不过五米、直径不过二十多米的土堆,如今成为他的天下。不远处的曲江池,白鹅浮绿水,青柳正拂面,一阵阵热闹的笑语声传来。

但我在这寂寞的园子里并不恐慌,我是想着要细细看看这个寂寞的人。

陵墓边是陈列室,不到三十个平方,陈列着一些与胡亥陵寝相关的文物。三三两两的柜子里,安放着几只大大小小的陶罐。还有些钱币,不知道是不是秦时的物件,是不是和胡亥的生活相关。墙上挂着的几幅画像,自然又是当年的几位主人公,有赵高、胡亥、李斯,加上公子扶苏和将军蒙恬。画像上的胡亥,虽然看上去并不魁梧,但也非亡国之君的昏庸之相,他那年轻的面孔上甚至散发出一些英气。胡亥,我想说,以篡改遗诏的手法得到帝王之位不是你的错,而既然坐上了神圣的帝王宝座,就应该想到黎民苍生,应该施行仁政,应该多听民意。开创唐代贞观之治的李世民,得到皇位的手段出你之上,但是他却留下了千世美名。这组画像中没有一统天下的雄主嬴政。为什么不挂一幅秦始皇的画像呢?他可是胡亥的父亲!也许,挂画像的人知道有胡亥如此不肖之子,做父亲的也有推脱不了的责任吧。

陈列室前后门楣上写有匾文，分别是"覆舟之鉴""后世之师"。门两边贴有对联，皆为警示后人之语。走出正门，又有一联，曰：

空贵为帝室豪君，问天下数千年，可曾有几人凭吊；

未守好先皇伟业，遗池边一抔土，徒留存万古伤悲。

对联虽短，却道出了千百年来人们的心声。覆舟之鉴传青史，秦殇之哀演数重。历史的车轮，总是这样苦乐交替，缓缓前行。

曲江碧水荡千古，静看几度夕阳红。

陵园的中央有一个广场，广场正中是虎符雕塑。虎符，是古时调兵遣将的信物，一半在君王手中，一半在将军手里。只有当将军与君王各持一半的虎符相吻合时，才能调动军队。当年的秦二世胡亥，自然是不能自由地发号施令，立虎符在此，也算是给他一点小小的安慰了。

阳光仍在，落在那简陋的屋瓦上，落在那长满杂草的陵堆上。斯人已去，忧愤不止。我们回望历史，即使给予胡亥这位昏庸无能的皇帝更多的苛责，也是多余。秦二世胡亥，已经殒身成为一个固定的符号。他，警示着我们中华儿女正视历史，回归现实。我们要从他的身上汲取历史的教训，然后鼓起勇气，自信前进，奏响中华民族的最强音。

第三辑

那时的慢时光

那时的慢时光

木心先生在他的诗中写道：

从前的日色变得慢

车，马，邮件都慢

一生只够爱一个人……

其实啊，那些看似慢的日子，是最幸福、最快乐的时光。

五六岁的时候，父母带着我们去外婆家拜年，大多时候是行走在雪野里的。厚厚的雪，铺在辽阔的田野上。白茫茫的一片天地里，居然走出了一条窄窄的小路。我们兄弟在前边跑着、叫着，父母的声音不时落在我们耳边："不要跑快了，小心摔倒。"正说着，像小黑点的我们兄弟两人可能就倒在了雪地上。我们自己爬起来，仍然笑着；那白白的雪，黑了一大圈儿，似乎将它们摔得疼了。累了，小小的我们就轮流坐在父亲的肩膀上"顶阿马"（两腿分开坐在肩膀上的姿势），不停地嬉笑着。

进了学校，我想要一双白色的球鞋。向父母说了好几次，父亲不停地点头说"好"。于是，我就有了一颗期待的心。开学初说的，一学期快要结束时，球鞋总算买来了。我满心欢喜。小心地穿上脚，穿一天之后就让鞋子休息两天，生怕让它受累。那白色的鞋帮沾上黑色的泥浆时，我会找到废旧的牙刷，蘸着清水，小心地刷掉。末了，还要加上些漂白粉，再轻轻地刷干净。后来，渐渐长大的我想要件绿军装时，父亲也答应了，他给在外地读军校的表哥写了封信。这次，我等待的时间更长，快一年了，我们才收到了表哥从军校寄来的军装。虽说这衣服也只是最简单的款式的军装，但在这快一年的时光里，我的每一天，都是在期待与欣喜中快乐地度过的。

在荷叶如盖的时节，母亲是会做馒头给我们吃的。母亲架了石磨，和我们兄弟一起磨面粉，和着老面发馒头。屋子外边的日头，一点一点地向西边移动着。正是阳光灿烂的时候，母亲让我们兄弟去池塘边采几片荷叶。母亲用荷叶卷了小块小块的面团，轻轻地放进篾制的蒸笼。我们兄弟在灶膛里慢慢地添柴，眼睛却盯着那冒出热气的蒸笼。用不了多久，溢着荷香的馒头出锅了。我们拿着馒头，一口一口地吃着。母亲也会用只碗盛了三四个馒头，吩咐我们给隔壁的曹奶奶送去，让她也尝尝。那馒头的荷香，就在这只碗里，漫溢在我们的身边，似乎村子里都闻见荷香馒头香了。

晚上是有故事的，尤其是有月亮的晚上。一家人坐在月亮底下，听父亲讲故事，有时是三国英雄，有时是梁山好汉。有一次父亲讲的是日本电影《追捕》里面的情节，让我至今记得杜丘这个特别的人物形象。有时，母亲也煮了花生，我们一块吃着，一颗，又一颗，慢慢地剥去壳，放进口里。家中的黑狗，在我们的脚边，不停地擦来擦去，亲热着我们。不远处，菜园的草丛里，蛐蛐放肆地叫着；那声音有时又戛然而止，让人好像失去了一点什么。

我见过母亲洗床单的过程。母亲用洗衣粉浸泡床单之后，然后借助洗衣板细细搓洗，再来到池塘边清洗。一下子床单铺开很远，那水面上一圈一圈的涟漪也慢慢地荡漾开去。清洗之后，这个过程并不算完。就在自家门口，母亲端出了早上做饭时有意留出的米汤，她将那带着清香的米汤，均匀地揉搓在床单上，然后才将床单晾晒在晒衣绳上。晒衣绳，是母亲和我们用长长的稻草一根根地搓成的。阳光暖和，走过床单旁边，我们就能够闻到一阵清香。晚上的被窝里，清香弥漫，我们慢慢进入甜美的梦乡。

后来，我到县城里去上学，坐的是公共汽车。汽车每天不过三四趟的样子，也不准时。我会早早地赶到车站，提前买好车票，规规矩矩地坐在自己的座位上。开车了，车速并不快。靠着车窗，我看着窗外的风景，看道路两边的树和房子慢慢地向车后一个一个地移动，还能看到房子旁边的一些人。三十多公里的路程，可以坐上老半天。三年里，我能数出沿途有多少个分叉路口，甚至能知道路边的哪间屋子里住着几个长得什么样子的人。

刚刚上班时，曾在一个月色如银的夜晚，我和同学成一起骑着自行车，一路说笑，一路前行。半夜时分，我们到达四十多公里外的同学兵的家里，敲开了门。我们三人坐着聊天，就着几袋花生米，喝着啤酒。不想，居然聊到了天明。在晨光里，我们又骑着自

行车返回上班。

我们自然不如那个雪夜访友的王子猷。住在山阴（今浙江绍兴市）的王子猷在一个雪夜，想起了友人戴逵。而戴逵远在曹娥江上游的剡县，王子猷不管这些，即刻连夜乘小船前往。一夜才至，到了戴逵家门前时，他却又转身返回。有人问王子猷为何这样，他说："我本来是乘着兴致前往，兴致已尽，当然返回，为何一定要见戴逵呢？"我们也自然不如在月夜里寻好友张怀民的东坡先生，"何夜无月？何处无竹柏？但少闲人如吾两人者耳"！

辛稼轩在词中写"稻花香里说丰年，听取蛙声一片"，赵师秀在诗中说"有约不来过夜半，闲敲棋子落灯花"。可是，如今那稻田，那月夜，那蛙声……似乎都离我们而去。

那时的慢时光，我们到哪里去寻找呢？

端午的龙船 —

端午是有不少的习俗的。

水乡五月芦苇秀，十里八乡粽飘香。若闻远处锣鼓响，便是小河来龙船。记忆中的端午，打着故乡的烙印，每到这个时节便如约而至，回荡在深深的脑海中，萦绕在长长的岁月里。

农历五月，正是种稻插秧的时节。虽说有些忙，但是也少不了串串亲戚，看看龙船。每年五月照例会有几场龙船会，那个时候几乎每个村子都有龙船。

父辈们早早在家里吃了饭去集合，参与划船。有的船队穿了整齐的服装，有的没有统一。但龙船上的一面大鼓是必须有的，这是划船时进军的号角。那鼓，体积越大，好像胜利的把握就越大，为的是鼓舞高涨的士气。船头当然有"龙头"，各色龙头，各具形状，长着好看又结实的龙角，下巴上还有彩色的龙须。这些，本来就是一件件民间高水平的艺术品。我的姑父是个有着好手艺的木匠，曾

经雕过好些龙头。在我眼中，他就是一个大艺术家，这也是我佩服姑父的地方。船尾有艄，也是有讲究的。这艄左拨右摇，指挥着方向，大小粗细要适宜。我听村子里比我大的寿堂哥说过"宁可多个脑，不可带根草"的话，大约说的就是船尾不要太重的意思吧。

赛龙船的场面是热闹的。人山人海一般，除了龙船，看到的只是人了。太阳烈了，或是雨下得大了，才见到几把伞撑起来；人们是不怕烈日和大雨的，大约怕影响观看效果。鼓声"咚咚咚"一阵响，算是开始比赛了。等到"咚咚咚咚"地不停敲打的时候，就是最精彩的冲刺终点的时刻。船像一条条龙一样在水中拼命地游走，观船人就在岸边跟着一步一步地向前走。船上的鼓声阵阵，船夫们喊声阵阵，观船人的心也一阵阵地跳动，估摸着是不是自己村里的船或是和自己有些亲戚关系的那只船获胜。船冲刺到了终点，观船人的心也就放了下来。不管哪只船胜利了，大人小孩子都会好一阵雀跃。败了呢，当然不去追究失败的原因了。

沈从文先生在他的著名小说《边城》中这样写下了凤凰古城沱江上的龙船赛：

划船的事各人在数天以前就早有了准备，分组分帮，各自选出了若干身体结实、手脚伶俐的小伙子，在潭中练习进退。船只的形式，和平常木船大不相同，形体一律又长又狭，两头高高翘起，船身绘着朱红色长线，平常时节多搁在河边干燥的洞穴里，要用它时，才拖下水去。每只船可坐十二个到十八个桨手，一个带头的，一个鼓手，一个锣手。桨手每人持一副短桨，以鼓声缓促为节拍，把船向前划去。带头的坐在船头上，头上缠裹着红布包头，手上拿两面小令旗，左右挥动，指挥船只进退。擂鼓打锣的，多坐在船只的中部，船一划动便即刻蓬蓬铛铛把锣鼓很单纯地敲打起来，为划桨水手调理下桨节拍。一船快慢既不得不靠鼓声，故每当两船竞赛到剧烈时，鼓声如雷鸣，加上两岸人呐喊助威，便使人想起小说故事上梁红玉老鹳河时水战擂鼓种种情形。凡把船划到前面一点的，必可在税关前领赏，一匹红，一块小银牌，不拘缠挂到船上某一个人头上去，都显出这一船合作努力的光荣。好事的军人，当每次某一只船胜利时，必在水边放些表示胜利庆祝的五百响鞭炮。

湘楚二地的比赛规则没有太大的区别。在江汉平原，那时的比赛也没有实质的奖品，抓阄捉对比拼赢了的奖励一对小红旗插在龙头，显示一种胜利的荣耀，顺带奖励一筐馒头。输了的什么也没有，有举办者促狭地奖励输家一篮黄瓜，输者照样吃喝并不气恼。淳朴的人们没有任何功利意识，一身劳累只为体会那汗水挥洒过程中的惬意与痛快。

端午的划龙船，其狂欢的内容不仅限于赛龙舟，而把狂欢推向高潮的有一个特别的节目，是将活鸭子抛入水中，让众人争夺，是为"抢标"。清人笔下常常写到抢鸭之戏，如范祖述在《杭俗遗

风》中有详细的描述:"西湖有龙舟四五只……如抛物件,各龙舟水手下水争抢,最难者莫如钱、鸭二物。钱入水即沉,鸭则下水游去,各舟争逐,大有可观。"这是说的杭州,扬州亦是如此。《扬州画舫录》云:"龙船自五月朔至十八日为一市……小船载乳鸭,往来画舫间。游人鬻之掷水中,龙船执戈竞斗,谓之抢标。"沈从文先生《边城》中写得最有意思:

　　赛船过后,城中的戍军长官,为了与民同乐,增加这个节日的愉快起见,便派兵士把三十只绿头长颈大雄鸭,颈脖上缚了红布条子,放入河中,尽善于泅水的军民人等,自由下水追赶鸭子。不拘谁把鸭子捉到,谁就成为这鸭子的主人。于是长潭换了新的花样,水面各处是鸭子,同时各处有追赶鸭子的人。

　　船与船的竞赛,人与鸭子的竞赛,直到天晚方能完事。

　　我们可以想象河里、岸上欢声笑语不断,呐喊、加油声一浪高过一浪的快乐场景了。这分明就是一幅朴素的风俗画啊!

　　千年的习俗传承到今天,在古楚原乡,离湖故地,村村自发的龙船锣鼓已经渐行渐远,现在很多河道也已不再适合龙船的划行。不知是时代变化得太快,还是自己的思想过于守旧,每每想起,我们总是怅然若失。

　　如今,每年在端午节前后,全国各地都会有大大小小的龙舟赛,有些赛事还是国际性的。我在荆州看过一次国际龙舟赛,有外国友人组队参加，热闹得很，可是，没有一点端午的味道。

《边城》中的主人公翠翠在看完龙舟赛后又看了抢鸭的游戏，面对着小伙子傩送，望着潭中那只白鸭慢慢向翠翠所在的码头边游过来，翠翠想："再过来些我就捉住你！"于是静静地等着。她等着她心中的端午。

可是，我们的端午呢？

清明一霎又今朝

清明一霎又今朝。

头脑里先是闪现出杜牧的千古绝作："清明时节雨纷纷，路上行人欲断魂。借问酒家何处有？牧童遥指杏花村。"春雨绵绵，春意纷纷，不知是离人泪还是老天情，都含蓄在纷纷雨里，依附在断魂人上，消逝在浇愁酒中。然后一幅冷色调的图画浮现了：坟堆旁，墓碑前，立着三五个人，焚香、烧纸，默默无语，飞扬的纸灰里撒满了沉重的哀思……

这是想象中的清明节。这是传统意义上的清明。古时有"寒食上墓"的习俗，因寒食节与清明节相接，后来就传为清明扫墓。旧时扫墓十分流行——据《京都风俗志》载："是日倾城上冢，九门城外，自晨至暮，处处飞灰，其野店荒村，酒食一罄。"据说这清明扫墓的源头，竟然和"智慧化身"诸葛亮有关。诸葛亮治蜀，深得人心，但他去世后朝廷却没有为他盖庙，于是百姓就在清明前后于田野道路上拜祭。其后，朝廷自省如此扫墓措置不当，下令附祭诸葛亮于先祖（刘备）庙，但清明祭拜的风俗已经形成，并演变为各人祭扫先人坟墓了。也许这是人们对孔明先生的另一种崇敬，之前清明扫墓也肯定是有的，大概到了这时才真正成了习俗。

真正意义上的清明不只是扫墓。

清明时节有插柳之习俗。《风土记》称清明为"柳节"。人们或者是把攀折下来的柳枝插在屋檐下或门窗上，或者是直接把柳枝插在头上。尤其是妇女，用柳条编成精巧的圈儿插在鬓上表示青春常在。民间有"清明不戴柳，来生变黄狗""清明不戴柳，红颜成皓首"的谚语，似是分别对儿童、妇女而言。宋朝杨韫华《山塘擢歌》云："清明一霎又今朝，听得沿街卖柳条。相约毗邻诸姐妹，一株斜插绿云翘。"此诗说明有人借插柳而卖柳，赚点辛苦钱哩。《唐书》上也有这样的记载：唐中宗在清明节赐臣子以柳条，编织柳圈，以避虫疫。传世名画《清明上河图》中绘有一顶自汴京郊外扫墓归来的轿子，上面插满了杨柳枝，这又可见宋代此风俗之炽盛。

清明插柳的习俗的源起，据说与悼念介子推有关。春秋时，介子推随晋公子重耳流亡列国，曾割股肉给重耳充饥。重耳当上国君（晋文公）后，介子推偕母亲隐居绵山。晋文公下令烧山以求他来受封。介子推不肯，和老母靠在一棵大柳树下，被活活烧死。翌年，文公与群臣去绵山祭奠，行至坟前，只见那死柳复活，千条柳丝随风曼舞，文公掐了一根，编一个圈儿戴在头上。群臣见了，也学着折柳插头。插柳习俗由此而生。宋人黄庭坚曾写过一首《清

明》的诗:"佳节清明桃李笑,野田荒冢只生愁。雷惊天地龙蛇蛰,雨足郊原草木柔。人乞祭余骄妾妇,士甘焚死不公侯。贤愚千载知谁是,满眼蓬蒿共一丘。"诗中"焚死不公侯"的"士"就是介子推,"人乞"就是那让人笑掉大牙的有一妻一妾的齐人了。诗人描写清明时节之景,借乞食的齐人和焚死的介子推,抒"贤愚难辨"之情,实在是妙!

　　清明时节还盛行各种户外活动,如秋千、蹴鞠、斗鸡、放风筝等。唐代诗人韦庄有诗曰:"满街杨柳绿丝烟,画出清明二月天。好是隔帘花树动,女郎撩乱送秋千。"后两句写女子在花树深处荡秋千,若隐若现,煞是好看。秋千,如今还是可以荡的;但作为中国古代足球的蹴鞠,唐宋时期盛行,可惜如今已失传了。如今还有斗鸡,但极少见了。最受欢迎的当然就是放风筝了。"草长莺飞二月天,拂堤杨柳醉春烟。儿童放学归来早,忙趁东风放纸鸢。"这是孩子们的乐趣。飘满风筝的天空,这又何止是孩子们的天堂!和风煦日,湛蓝的天空中,各式各样的风筝,争奇斗艳,有神话故事中的神仙、戏曲中的人物,更有展翅飞舞的蝴蝶、摆尾摇动的金鱼,这又是一幅怎样的美丽图画啊!

　　春暖花开的清明时节,更是人们踏青郊游的好时光。据《武林旧事》记载:"清明前后十日,城中士女艳妆饰,金翠琛缡,接踵联肩,翩翩游赏,画船箫鼓,终日不绝。"真是好一番热闹的景象。宋代诗人吴维信的《清明诗》曾作描述:"梨花风起正清明,游子寻春半出城。日暮笙歌收拾去,万株杨柳属流莺。"生动形象地绘出了一幅人们竞相外出踏青图。而大文豪欧阳修的"南园春半踏青时，风和闻马嘶。青梅如柳柳如眉，日长蝴蝶飞"词句，更是画出了一幅清新迷人的踏青风俗画。

"清明"二字的来历，据《岁时百问》记载："万物生长此时，皆清洁而明净，故谓之清明。"如今的人们，常常为一种快节奏的生活所累，不如趁着风和日暖的清明时节出去透透气，舒活舒活筋骨。如今的清明，不再是"胡园断肠处"，定会是"日夜柳条新"了。

儿时美食最诱人

闻馍香

儿时，在我们乡下的家里，过上一阵子，总会传来阵阵馍香。

那时，每到麦收季节，母亲总和父亲商量："多兑换些面粉吧，也能多做顿馍吃哩。"我们听了心里暗暗高兴。

等到有一天母亲吩咐我们兄弟去摘几片荷叶来时，我们知道今天一定有馍吃了。我们赶紧朝村子河边跑，拣那些鲜嫩的荷叶，一会就摘了七八片。母亲这时就端出"老面"。"老面是啥"，我当时不懂，现在想起来，大概就是起发酵作用的面团吧。母亲将面粉和水揉在一块，就像我们过家家和稀泥一般，不同的是我们总是嘻嘻哈哈地，母亲却是一脸的神圣，但看到她身边的三个儿子时，偶尔也会露出幸福的笑容。将"老面"和新面团合在一块后，得更用力地揉，让"老面"完全融在整个面团之中。母亲个子小，我们居然没想到她也能使出那么大劲。等到用刀将面切一下，面团有蜂窝眼的时候，母亲说声"行了"，我们就一起做馍。馍的形状可大可小。母亲说："做成长形或圆形，随你们的便吧，反正是你们吃。"小弟不过三岁，也在旁边捏，像捏泥巴一样，捏些乱七八糟的形状，却总是笑嘻嘻。

一会儿，馍全做好了，就开始蒸。母亲这时候便不让我们兄弟动手了，说怕烫着。她在锅里放好蒸笼，等到水烧开时，拿过我们摘来的荷叶，包住做好的馍，一一放进蒸笼。然后，盖好蒸笼，就只看着灶膛的火候了。这时候，我们三兄弟剩下的只是等待了，是一种甜蜜的等待，等待着那蒸笼上冒蒸气。一冒蒸气，我们知道馍已经熟了。母亲呢，不慌不忙，熄了灶膛的火，双手揭起蒸笼盖，一阵清香，有馍香，有荷香，弥漫了我们整个屋。兄弟仨挤上前，母亲总会笑着说："不慌，不慌，都有，都有。"三弟挤在最前面，母亲就先给他，当然是个最小的。而我和大弟，相差不过两岁，看哪个馍大，就点着哪个馍要，母亲也就一一地递给我们。

我们还在吃着馍，母亲拿出个碗，装了三个馍，说："老大，给隔壁曹奶奶送去。""但是，为什么要给三个馍啊？我们家也剩不了几个了。"我问母亲。

"傻孩子，这叫你来我往，礼尚往来。上个月你们一人吃的一个馍不是人家曹奶奶送过来的？"母亲一说，我们都笑了起来。

吃盐蛋

那时的厨房是简陋的。一口砖块砌成的灶，灶上一口大铁锅；一个简易的菜柜，几乎连柜门也没有；再就是一张四条腿的餐桌，没有漆过，看得见大大小小的缝隙。就在这样一张有着大大小小缝隙的桌子旁，常常洋溢着阵阵快乐。

最抢手的莫过于盐蛋了。家里是有母鸡的，母鸡下了蛋，多了，母亲就会拿出去换点零用钱。蛋不多的时候，母亲就做成了盐蛋。盐蛋有两种做法：一是直接用盐水浸泡；二是用稀泥糊在蛋的周围，蘸上盐，再在草灰里一滚。两种做法，都得过上一个多月时间才能吃。不然，时候不到，盐进不了，盐蛋很淡，是不好吃的。常常，母亲才开始做盐蛋，我们就想着那盐蛋的味儿了。好不容易等到吃盐蛋的时候，我们早早地守在桌子旁，不吵不闹，等着母亲将煮熟的蛋发给我们。拿到盐蛋后，我们兄弟几个并不急着打开吃，总会拿出去走一圈，在小伙伴们面前炫耀一番。然后，等着看贪吃的小弟弟先打开蛋壳，自己再打开。吃，绝没有大快朵颐的情景，先轻轻地在饭桌角敲碎蛋壳尖，再小心地用筷子尖慢慢地挖，挖出一小团，吃上一大口饭，一点也没有急躁的神色。等着小弟弟吃完了，我的还有一半。那又是一番炫耀。

等姑妈

我六七岁的时候，喜欢一个人坐在我家堂屋的门槛上。我的眼睛盯着屋子前边的一条小路，望着小路上走过的一个又一个人。

我并不是在看风景，我也并不懂得看什么风景。

我在等一个人，等我的姑妈的到来。隔上几天，我就会坐在门槛上等。居然，有的时候，就真的等来了姑妈。我的姑妈从十几里远的家里走来，门前的小路是她来我们家的必经之路。姑妈一来，我就有了我喜欢的零食——冰糖。我们小孩子叫它"冰糖"，其实就是如今的"糖果"。

冰糖用糖纸包裹着。拿到一颗冰糖，我会小心地撕开糖纸。这撕的过程缓慢，既不能让冰糖掉在地上，更不能撕坏了糖纸。糖纸是五颜六色的，上边画着各种各样的图案。有形态可爱的小动物，像最常见的兔子、大象、小狗、小猪、猴子等。那上面的动物不是如今的卡通形象，而是本真的可爱样子。图案有可能是一名解放军或者教师、医生等人物形象，这些人也是我们敬重的对象。更珍贵的，糖纸画上有可能是某个故事中的人物，比如红着脸的关云长，比如黑着脸的张翼德。这些糖纸画，我们是不会轻易丢弃的，一张张好好地叠整齐，如宝贝般珍藏。

那糖纸最先从糖果上剥离，是带着甜味儿的，我们自然也不会放弃。我们会用鼻子小心地凑过去闻一闻，然后，伸出舌头慢慢地

舔上几下。至于糖果，放在手心里，并不急着放进口中。姑妈来了，她会将带来的冰糖分给我和小我两岁的弟弟。我们两兄弟舔完糖纸之后就看着对方，看对方将糖慢慢地放入口中时，自己才慢慢地放进口里。有时，就约定好一起放进口里。冰糖放入口中，我们也不会大口大口地吃，只是小心地舔着，慢慢地品尝。我们担心对方还在吃着冰糖时，自己却没有了。也就是在这慢慢品尝的过程中，我们感受到无比的幸福。那甜味儿，在我们的口中，却已经沁到我们的心里。

有时，我们兄弟两个也拿着冰糖在村子里转上一圈，让小伙伴们看看我们的冰糖。我们在他们的眼光中，就又多了几分得意。而那些小伙伴们呢，他们也有拿着冰糖的时候，我们见了，也只有羡慕的眼神了。

更多的时候，我们会拿出自己积攒的糖纸画，在禾场上交流。其实交流的过程简单，也只是让小伙伴看上几眼，然后又宝贝地将糖纸收藏起来。

如今的小孩，他们的零食五花八门，他们是不会在意这小小的糖果的，也不会稀罕那些糖纸了。而这种享受糖果的幸福，他们更是难以体验到了。

我的影视生活

童年最高兴的事莫过于看电影了。

要是有人在村子里小声地说一下："今晚新红村有电影……"人群就会沸腾起来。而说这话的人，也是一脸的神圣，像做了件大好事一样。其实，他也是听人家说的，或者在马路上看到有人骑着自行车驮着个大箱子走过，就猜想那大箱子里一定是影片了。但他的话就成了圣旨一般。

刚放晚学的孩子们，也不贪玩了，一把拉过小板凳，就开始做作业，做完了作业才好晚上往电影那儿赶。农田里喷着农药的大男人，也加快了速度，不然，完不成任务，家里的女人晚上是不放行的。年轻的男男女女就更高兴了，就像是他们的节日一般。女孩子们，很多的时候都是有人来约的。她们没有化妆品，但衣柜里有过年才穿上的新衣服，今天当然得穿上了。男孩子们呢，尽量地让自己阳光、干练一些。临出门了，不去看电影的大人们就会再三地叮嘱家中的孩子："小心啊，小心啊……"还会叫上邻家的大孩

子："你得给我看着他一点，别给弄丢了。"有大人出去是最好不过的了，让人觉得安全，有保障。年轻的男女要一块走，但他们并不说过多的话。男孩子一个眼神，女孩子一丝嘴角的微笑，他们心里是再明白不过的了。走在路上，也不说话，一前一后地走着，但到了电影场，两人就会合到了一块。电影开始了，也不知他们到哪儿去了。

十几人，或者几十人，走在田间的小路上，有说有笑，也有叫骂家中的小弟小妹走得慢的，真的成了当晚的一道风景。常常，走上十多里路，才会赶到电影场，当然是露天的。那里早已是人山人海。电影还没开始，人声早已沸腾。有摆出小摊的老奶奶，脸上的皱纹比田间的沟壑还深，在晚上也看得一清二楚。小摊上有五分钱一捧的香瓜子，有一分钱一杯的凉茶。偶尔，还有高粱饴和饼干，那是高档的零食了。小孩子们是要消费几分钱的，来上一捧香瓜子，吃上老半天，孩子有事做，大人也就省了心。

最爱看的电影是战争片，尤其是抗日战争的影片，小孩子们这时候瓜子也懒得要了，全身心地投入到电影中来。电影正式放映之前也有片子的，我们叫它加映片，大多和农村农业有关，但我们也看得津津有味。我们觉得，电影真是个神奇的东西。正式放映了，偌大的电影场也会安静下来，电影对白听得清清楚楚。有时我们得到放电影的消息迟了，就去得迟，没有好位置了，但我们也有一种方法来看，在电影银幕的反面看，也很清晰，只是字是反的。但人少，我们也就可以自由地走动，不用担心人家占去了自己的位置。

放映战争片的时候，很是精彩，让人真的觉得那子弹是不是就打出来了，落在我们的面前。有好几次，村子里的二娃在银幕下不停地找子弹壳，惹得大伙哈哈大笑。《鸡毛信》《小兵张嘎》《英雄虎胆》是我们看过很多次的片子。《小兵张嘎》至少看了二十遍，连台词也能背许多了，但还是觉得新鲜。也看过《梁山伯与祝英台》，看得是昏昏欲睡，末了，就问"为什么人能变成蝴蝶啊"，好多的大人也不能给我们解释。其实，道理很简单，当时的我们怎么可能懂爱情呢？记忆中也看过《魂断蓝桥》，当时真不知放映的是些什么情节，看完了电影，只是好不容易记得影片名字叫《魂断蓝桥》。电影的名字是要记得的，不然第二天去向未看电影的伙伴们炫耀时就没有资本了。曾经，我用一个小本子记下了曾看过的电影片名，不知这个小本子现在弄到哪里去了。

正式有板有眼地坐在电影院里看电影是看影片《少林寺》，那时全国人民都看这部武打片。虽然学校组织我们集体去看了一遍，但觉得很不过瘾，就还想看。但有人守着门，我们没办法，便垒成人梯翻过电影院的围墙，看了个够。后来也有一次，父亲去电影院看《垂帘听政》，将我带了去，我虽然很是用心地看，但仍看不太懂，只记得片子里有几个人死得很惨，吓得我当时不敢正眼看银幕。

接下来的几年，电影看得少了，电视看得多起来了。一部电视剧《霍元甲》，风靡全国。那时候村子里黑白电视机都少，更不用说彩色电视机了。少有的几台电视机，主人是不够大方的，生怕人

家看坏了他的电视，将门关得紧紧的。偶尔有关系的人去他家里，能看上一集电视，那真是像中了大奖一样。人家在屋子里看电视，我们就在窗子下听电视。听，居然也是一种享受。也有大方一点的主人，将门是打开了，但是要收门票，五分钱一个人。现在想想，觉得这种做法正是计划经济向市场经济转型最好的体现。我们没有钱，就有人提议，上镇上去看看吧。当晚就向镇上赶。到了镇上，见到有人家屋子里荧光一闪一闪地，我们知道正在放映《霍元甲》，按捺不住激动的心情，立刻上前敲门。主人出来，热情地招呼我们进去。我们真是感动不已，想不到镇上的人比村子的人好客得多，这无疑给我们幼小的心灵来了一次有力的品德教育。更有热情的主人还会倒茶给我们喝，我们即使口再渴，也还是连连摆手，觉得不能过多地打扰人家。

二十集的《霍元甲》只是在周末播放，每周两集。放电视的时候，是用叉形的室外天线接收的。信号不是很好，接收电视时常常要两个人配合。一个人守着电视频道按钮，一个人在外扭室外天线。"再转一点点""好了好了，不能转了"，时不时地出现这样的对话。有时实在接收不清晰，荧光屏出现很多的麻麻点点，但我们也目不转睛地看着。《霍元甲》刚放完不久，村子里的电视机也多了起来。家里盖了新房，家中生了胖小子，请客时娘家人都会送来一部电视机，哪怕是只有 11 英寸大。这样，那些不开门的主人也就开门了。夏天的夜晚，将自家门前打扫干净，早早地搬一张桌子，将电视机放在桌子上。然后，将家中的板凳全请了出来，等候着村子里没有电视看的人们的到来。谁家门前的人多，证明谁家的人缘最好。常常，禾场里满是人，像看电影一样。村子东头的谢大爷家，曾将家中的凉床摆出来让大家坐，不想坐了十几个人，在看电影《陈真》时将凉床给坐趴下了。谢大爷一点也不恼，呵呵地笑着说："哎呀，是我家的凉床不结实啊……"

　　大约 1993 年，几乎每家都有了电视机，看电视也就不是什么稀奇的事了。电视也能收多个频道，自己就要有选择地看了。不久，很多的家庭安装上了闭路电视，节目就更多了，但我们看电视却看得少了。接着，又出现了数字电视，一百多个频道，让你目不暇接，无法选择，看电视真成了一份累赘。而关于电影，我们和它似乎成了陌路人了。好多的电影院变成了商场。只有当一些所谓的大片的广告向我们狂轰滥炸时，我们的眼睛才有意无意地向它们瞟上几眼。

最美记忆过年时

最快乐的过年记忆当然是少年时。

我们的团年宴就要开始了。"爆竹声中一岁除,春风送暖入屠苏。"有了爆竹才叫过年。我们三兄弟拿着一支燃着的香,点着鞭。父亲拿起炮,用烟点着了,然后用力地向空中抛去。三只炮,三声巨响,碎纸片便纷纷落下。

我们穿好新衣服,坐在团年宴的桌子边。

照样,盛好的饭菜我们不先动筷子,因为得先敬祖宗。有时是父亲,有时是母亲,就会自然地说:"祖先们,一年到头了,请享用吧。"几秒钟后,我们就可以开始吃了。父亲会喝酒,酒喝到一半,他就从口袋里搜出几张崭新的人民币,向着我们兄弟说:"来啊,来领取压岁钱啊。"我们就欢快地奔了过去。

但是,我们兄弟的兴趣不在压岁钱的多少,也不在新衣服的好坏,而是一心想着那魂牵梦绕的鞭炮。我们兄弟留心父亲安放鞭炮的位置，一有机会，我们会偷偷地从大串的鞭炮上拧下十来个小鞭，三人平分。拿着一根点着的香，把小鞭引燃，在"噼噼啪啪"的响声中，我们得到一阵又一阵的快乐。

鞭炮一响，年的气氛就浓了。

夜空是黑黑的，最先窜出的是孩子们的灯笼。然后，是成队成队的妇女，拿着香、纸钱和鞭炮，那是代表着一家人走向宗庙或土地神那儿去朝拜的。再是成年的男子，带着家中的孩子们，拿着灯笼、蜡烛、香纸等物品，一同去给故去的亲人送灯。每年的这一天，父亲总是带着我们兄弟去祭奠祖人们。母亲这时候开了卤锅，卤起菜来，家家户户，卤味香浓，也不知道哪一家的最可口。有时，母亲也用细沙炒花生，花生红润红润的，扑鼻地香。

让年的气氛达到高潮的，是村子里的舞龙活动。青壮年，是舞龙的主力军。从村子头舞到村子尾，一家也不跳过。这是尊贵的龙在给村人们拜年，据说是对龙的象征者皇帝的一个有力的嘲弄。舞龙也是讲究经验的，村子的华伯老一辈人，能够站在高高的板凳上舞龙，也能躺在地上舞龙。这个精彩的场面我确实见过，以后再看人舞龙时，我总提不起兴趣，觉得没有我村子里的龙有精神。龙舞到哪一家，这家的主人也会或多或少地给彩头。舞龙结束时，人们就会将所有的彩头平分，人人讨得一点吉利。舞龙时除了那富有节奏的鼓点扣人心弦外，刺激的事儿要算喷火的把戏了。这边龙在飞

舞，那边的吕伯口里含了煤油，就着火把，"噗"的一声，火焰升得老高。又一下，人们的尖叫声就更大了。

这个晚上，两挂鞭炮是少不了的。前一挂，大约天刚黑下来时燃放，算是辞旧；第二挂，不约而同地是凌晨时燃放，是迎新了。第二挂鞭炮没有燃放之前，家里的大门是不能开的，得过十二点，先给祖宗上香，再烧纸钱，然后才开门。母亲口中常会说几句吉利的话："开门大发财，金银财宝滚进来，滚进不滚出，金银财宝堆满屋。"

大门开了，家家户户放鞭炮。这时，普天同庆，万千鞭炮齐鸣，就好像在你耳边响一样；那鞭炮，像比赛似的看谁响亮，你想要睡一个好觉，当然是不可能的了。

正月初一，这是新年的第一天。清晨，母亲会拿了香和纸钱插在门前的水塘边，并不点燃，因为这是祭河神的。这一天，母亲会再三叮嘱，所有的生活用水不要倒在地上，后边准备了一个大水桶。还有，家里扫地，用不着将垃圾撮走，只堆在大门后就行了，这恰好给了偷懒的我们一个合适的理由。早餐，照例是九个食碟，全是昨晚卤好的菜，冷的，上边撒上一层鲜红鲜红的水辣椒，红黑分明，好看，也好吃。这九个食碟，我最喜欢吃的是卤鸡肉，还有炸鱼。但没有长辈开口，我们小孩子是不轻易动筷子的。母亲说，曾经村子里煎了一盘鱼，从村东边端到村西边，只是为了凑一碗菜。我知道，母亲是在告知我们做儿女的，生活确实是来之不易的。早餐不只是有冷的卤菜，还有热的汤圆一同上来了。母亲不叫它"汤圆"，而叫它"元宝"，这是一种吉祥的说法。这些天，长辈们担心孩子们乱说话，就在堂屋的墙上贴上"童言无忌，大吉大利"的纸条。

这新年的头一天，子女是不外出的，得拜父母，向家族中的长辈问安。我和弟起床后，忙着放鞭时，多次让父亲责令说，去拜拜族里的几个祖爷叔伯吧。也有外出走亲访友的，起得很早，那是去烧亲香。在上一年里，有亲人去世，逝者为大，活着的亲人就得在这一年的正月初一去为逝者烧香，是祭奠，也是最早的拜年了。

到了初二，这是拜见岳父岳母的日子。年轻的夫妇，是不敢违抗这条"法规"的。上了年岁的夫妻，有了孩子，就常常让孩子们去走一趟，是代劳了。今天，我仍然记得一个镜头，在去外婆家拜年后回家的路上，满眼银色的雪地里，我蹦跳着走在前头，父亲的头上顶着弟弟，母亲悄无声息地走在最后。这应该是我最幸福的回忆了。

正月初一、初二是规定动作，初三及以后就是自选动作了。看外公外婆，肯定要去。有老亲的，如舅父姑父姨父，也是要去一趟的。礼物并不在多，有时就是两包点心。但心情是一样的，向长辈问安，与同辈欢聚，给晚辈压岁，成为这个时节最时髦的事儿。平

日里都忙着,这几天算是有时间了,聚拢来谈上几个时辰,将彼此的情感延长。每年的正月初三或初四,我总会去我的舅家看看,那里曾经是我儿时的乐园。

等到初五、初六时,年味就慢慢冲淡了。有时有舞狮子的或划彩龙船的经过,讨一包烟钱。家里亲戚朋友少的,已经开始下地干活了,村人们勤劳的本色总是不会变的。兄弟姐妹多的,还在忙着走东访西。我们家只有三兄弟,没有姐妹,母亲也常常将家中的菜留着一些,预备着我姑父家、舅父家的几个表兄来访。这时,外出打工的早就走了,上班的也上班了,上学的也准备着要上学了。

正月初九,俗称"上九日"。这一天的清晨照样鞭炮轰响,这是在送年。拜年,以未出上九日为亲厚,过上九则为拜迟年。这天传说是玉皇大帝的生日,母亲和村里的婶子婆婆们昨天就约定好,今天得去最大的万佛寺去敬菩萨。不能坐车,得走着去。那些年迈的婆婆们,一个来回,一走就是一整天。这是一种虔诚,也是一种锻炼身体的最好方式吧。

初九之后,人们似乎要忘记了年。但"年小月半大",总是要庆祝庆祝的。正月十五元宵节是一年中第一个月圆之夜,也是一元复始、大地回春的夜晚。元宵节又被称为"上元节"。按中国民间的传统,出门赏月,燃灯放焰火,喜猜灯谜,共吃元宵,这些是合家团聚、同庆佳节最好的节目。封建社会里,这一天是君王微服出巡、与民同乐的最佳时机，也是青年男女们的情人节。古诗《元夜》说的就是这个情景：

去年元夜时，花市灯如昼。月上柳梢头，人约黄昏后。

今年元夜时，月与灯依旧。不见去年人，泪湿春衫袖！

元宵节，很多地方吃元宵，但江汉平原吃"团子"，有着全家团圆之意。团子这种食品，是江汉平原的特产。团子的做法，是先将大米浸泡几个时辰，然后碾压成粉。粉的粗细要适中，太粗则口感粗糙，太细则没有劲口。再将米粉放进锅炒成半熟，用水和成半干半湿的状态。接着捏团子，将半干半湿的米粉捏成窝形，放进早已做成的"团子"辅料（辅料可以是海带豆腐之类的卤菜，可以是炒熟的新鲜肉丝，也可以是纯素的榨菜，由个人喜好来决定）。最后将这个团子搓成圆球形状，放进蒸笼里去蒸。也可以不用辅料，直接做成石碾样，叫它"石碾团子"，没有啥味道，不太好吃。不到一个时辰，团子就熟了，一家人围坐在桌边，一人挑上一个最满意的，笑呵呵地，吃出自己想要的圆圆满满。

现在过年，少了许多的趣味。那熬麦芽糖、打豆腐、做卤菜、炸饺子的事儿只留存在脑海里。母亲有时候想再做些，我们阻止了，一则母亲年岁大了，二则这些吃食满街都是。城里到处有不许放鞭炮的规定。除夕的黄昏，同无数个平淡的冬日黄昏一样，凄冷的夕阳隐藏在大楼后面，仿如盗走人类文明光辉的小偷。拜年的活

动每年都有，但大多是参加单位或同学会的团拜会。有些人将家庭团年宴也搬到了酒店，这肯定不是真正意义上的团年宴了吧。那些舞龙舞狮划彩龙船的人也很少见到了。家里的两个弟弟，长年在外打工，难得买到回家的火车票，年底时坐高价的汽车也急匆匆地往家里赶。不到正月初十，他们又要带着他们的妻儿外出。村子里最会舞龙的华伯成了华爷爷，步履蹒跚。会喷火的吕伯也老了，天天带着自家的孙儿玩耍。对联常有，大多是我写的，对联中嵌上了家里小孩子的名字，读起来有些趣味。这算是过年给我的少有的念想吧。

过年，有些年味才好啊。

父亲的爱里有片海

书摊老郑

我是习惯逛逛书店的，几乎每个周末都要去看看。

但我的心里更喜欢在书摊边转转，就像想要吃顿饭，我喜欢走进路边的小餐馆而不去所谓星级酒店一样。书摊上的书，虽是旧书，却更吸引人的目光。

三年前的一个周日下午，我要到工作的学校去取点资料。走过学校门前的小书摊，一个声音叫住了我："陈老师……"声音不算大，却很清脆。我站住，回过头来，原来是小书摊的摊主在叫我。

我点了点头，算是打了招呼。因为，我不认识这位摊主。

"陈老师，我卖过你的小说《父亲的爱里有片海》，上周末卖了好几十本了。"他又说，话语比刚才急一些，脸上微笑着，有些激动的样子。

就这样，我认识了这位小书摊的摊主老郑。

他的书摊并没有用板凳和木板支起来，只是在水泥地上铺开一张厚厚的广告胶纸，然后，将书一本一本整齐地摆放在广告纸上。

他摆放书的样子，像极了正在为佛祖上香的香客，一脸的虔诚。虽然，他书摊上的书全部是旧书。

"这些书，大多是我从旧书堆里淘出来的，我收的是废品的价格，我卖出的价格也不高。一般的书，也就两三元一本，稍好一点的，也不过五元一本。"他向我介绍。

我因急着有事，就没有和他过多地搭话。见我要走的样子，他说了句："陈老师您去忙吧，我是个没有事儿的人哦。"

那一天，我其实没有和他说一句话，但是，我却记住了他摆放书籍时虔诚的样子，记住了他黝黑的脸和脸上朴实的笑。第二天，我问了问上了年纪的同事罗老师，罗老师告诉我说："这个老郑啊，当年还只是小郑呢，20多岁就开始鼓捣这旧书摊，如今也有20年了，成了老郑啦。"

"那他应该赚钱不少吧？"我有些世俗地问了问。

"几本书，能赚钱吗？不过混个生活罢了，当年的旧书摊有十几家，如今这县城里只剩下他这一家了。你去过他的家吗？十年前他的弟弟出钱帮他修建的一栋二层小楼，楼上楼下全是旧书。"罗老师的话就多了。我知道，罗老师爱人的娘家就住在隔壁呢。

以后的每个周末，我都会留意校园围墙边的那个角落，因为，那儿会出现老郑的书摊。他的书，是用小电动三轮车拉来的。有着各种各样的旧书，古今中外的都有。更多的是课本，高中生用过的一些课本。我有事没事儿地就和他说话。他说："这书啊，我也是有选择的，有些书，即使是大作家的作品，也不一定适合高中学生读，那就不能给学生们推荐了。至于那些旧课本，我是有意在每年高考之后向毕业的学生们收购一些，后来的学弟学妹们肯定有丢失课本的啊，他们就来找我。我呢，就 2 元钱一本给他们，算是个课本中转站吧。"

我在老郑的书摊也淘书。《金瓶梅》《李笠翁小说十五种》《东周列国志》《荆州地名故事》等十几本书，都是在他的书摊上淘到手的。

我有段时间专门研究梁实秋，没想到老郑一下子找到了八本有关梁实秋的书，轻轻敲开了我办公室的门："陈老师，我问了好几个人，才找到你的办公室呢。"他紧紧地将那几本书抱在怀中，满脸的真诚。

"陈老师，这个《金瓶梅》不是最好的版本，等我找到最好的版本了，再来送给你。那个李笠翁，写诗词写得好，小说也写得好，你那本《李笠翁小说十五种》是本好书啊。"进到我的办公室，老郑谈到书，话更多了。时不时，他还会顺口引用几句古诗，让我内心一惊。

有一次，我经过书摊时和老郑打招呼，却没见到他的笑脸。他摆好了书，一个人傻瓜一样地坐着。我猜想他应该遇到点什么事了。果然，他说："我弟弟在省城开了个公司，也算大，让我去帮他做点什么文字工作；我研究生毕业的女儿，也坚决反对我再摆书摊。我和他们都吵架了，他们都不理我了，一个是我亲弟弟，一个是我亲生的女儿……"

那天，他的书摊收得早，我便和他在学校对面的小餐馆吃了顿饭。极少喝酒的他，那天喝了酒，他沮丧地说："陈老师，我可能不会再出摊了，真的……"

可是，老郑的书摊在下个周末又出来了。见到我时，他像有些不好意思一样。

一天，我又在老郑的书摊淘书，挤在学生们的中间。老郑就笑我："你是个有意思的老师呢，和学生挤在一块儿买书。"

我笑了笑："你才是个有意思的老郑呢。"

他黝黑的脸上，全是笑。

碎布书包

这一学期开学，林老师接手三年级一班，做班主任。

这个班有 45 个学生，都是不到十岁的孩子，个个阳光活泼。可是，这几天走进教室的时候，发生了一件有意思的事情。林老师发现，有个名叫李小天的小男孩，每天背着一个很特别的书包上学。这个书包，是用一小块一小块各种颜色的碎布做成的。李小天背着这碎布书包，远远望去，就像背着个五颜六色的小球一样。

按理说，不到十岁的孩子，在心里也是爱美的。班上的很多同学所使用的书包，都是爸爸妈妈精心购买的。再说，一个小男孩，背着一个五颜六色的花书包，也是一件滑稽的事。林老师就想，是不是他爸爸妈妈太忙还没顾得上给他买书包？林老师还担心，这碎布书包不够结实，也装不了那么多的书啊，如果有一天这书包要是坏在上学路上，书可就会撒一地。

林老师为李小天担心，他也想解开自己心中的这个谜。

终于，在星期五那天放学的时候，林老师跟着李小天出了校

门，他看见了李小天的爸爸。林老师就和李小天爸爸打招呼："你看看，你家小天的书包特别有意思呢。"

"小天的书包，哦，是有点意思，五颜六色的。"李小天爸爸说。

"你给孩子在哪儿买的这书包？"林老师又问。

"买的？"李小天爸爸有些惊奇的样子，"我帮小天其实每学期都买崭新的书包，质量好，也漂亮。但是，这个书包不是我们买的。"

"这个书包哪里来的呢？"林老师有些糊涂了。

"这个书包啊，"李小天的爸爸顿了一下，说，"其实是他奶奶特意帮他缝制的，用针线将碎布片一个一个结起来缝成的。可是，这个小家伙，偏不喜欢我们给他买的书包，就只爱背奶奶给他缝制的这个五颜六色的书包，我们也不知道是什么原因。"

林老师听了，走到李小天身边，俯下身子，轻轻地问道："小天，你能告诉老师，为什么喜欢背这个五颜六色的书包吗？"

"老师，你知道吗？我的奶奶生活在乡下，我想奶奶，但我们又不能经常回去。我背着她为我一针一线做成的书包，就像她在我身边一样啊。"李小天说完，眼眶红红的。

林老师拍了拍李小天的肩膀，一句话也没说。

林老师想起，自己已经大半年没有回乡下了。他自己的老母亲，已经70多岁了，生活在离自己不到一小时车程的乡下。

我的钥匙链

我曾经有过钥匙丢失之苦，整串整串地离我而去。于是在十几年前，我在钥匙圈上加了一条钥匙链。

钥匙链是条环环相扣的细铁链，上面抛光了，有些闪亮。钥匙链的一端连着钥匙串，另一端是个卡口，可以完美地卡在我的皮带上。有了这条钥匙链，我的钥匙再也没有丢失过。

可是，就在上个月，也不知是具体什么时间，我的钥匙链出了问题。因为这条钥匙链是用一小节一小节的小铁环连着，不知怎的中间绞成了一个结。

有了这个小结，我的心里不大舒服。因为这条链子看上去不那么美观了，尽管它挂钥匙的功能没有变化。这个小结，像闪亮的光线中出现一团黑点，让钥匙链不再闪亮。它更像连成一团的蚊子，在我的心里不停地飞着。

我想着法子将这个小结解开。我慢慢地用手按小环的方向，轻轻地往回拉，但是，没有效果，根本拉不动。我用口试着轻轻地

咬，想让它慢慢地松开，可这小结根本不理会我。我急了，用力地拉，想要拉开这个小结，谁知越拉越紧，它在和我做游戏一样。

我找到我最细心的好朋友，请她帮我来解开。她鼓捣了一个多小时，最后垂头丧气地将钥匙链还给了我。她也没有办法。我又上街去，找到配钥匙的老师傅，年过六旬的老师傅拨弄了 30 多分钟，仍然歉意地对着我摇了摇头。

这钥匙链上的结一天解不开，我的心里就觉得一天不舒畅。

我的心像被那小结堵住了一样。

我上班有些不安心了，心里一直想着将那个小结解开。我下班在家，总会再将钥匙链拿出来解上一会。可是，仍然会败下阵来。

几天过去了，我睡觉时仍然会想着这钥匙链上的那个结。我在想，什么时候能解开它啊？

朋友劝我，说要么不要这个钥匙链了吧，再去购买一条新的，更漂亮一些的。我有些动心，但一想，这钥匙链跟着我十几年了，舍不得丢。

见我不舒服，朋友就又劝我说，那小结结着就结着吧，反正它照样帮你看管你的钥匙啊。但这话也不能解决我心中的问题。

日子总得向前走，隔上几天，我也会想起那条钥匙链上的结。有时，工作忙了，也会将这事忘记。

就在昨天，我掏出钥匙打开我的办公室门时，无意间，我发现我钥匙链上的结竟然不见了。

可是，我也没有太多的惊喜。

　　我打电话给我的朋友，说："我的钥匙链上的那个结终于解开啦，我也不知道是什么时候它自己解开的。"朋友接了电话，轻轻地说了一句话："有些结啊，并不是你想要解开就能解开的，时间是把利刃，自然会帮你的。"

　　我不说话了，我觉得朋友像个哲学家。

　　如今，有空的时候，我也会拿出那条钥匙链，把玩一会儿，然后轻轻一笑，继续我的生活。

半双鞋

一个精致的鞋店里，样品鞋摆放得井井有条。

各种鞋自然地分成几类，有儿童鞋、青年鞋、老人鞋，各有特色。老板是个四十多岁的男子，店员是个才二十岁的姑娘。

周末人多，关店前盘存时，姑娘发现老人鞋区少了双鞋，准确地说，是少了一只鞋，因为样品鞋只是摆放了一只。那双老人鞋是刚到的货，黑色的面料上绣着金色的菊花，简洁、大方，销得正旺。

"不知是哪个没良心的，偷去了哩。"姑娘对老板说。

老板听了，不出声。

"肯定是那个老太太，来来回回地在那儿走了好几趟。"姑娘又说。

"你肯定是她？那个有点驼背的老太太？"老板反问道。

"也不肯定。"姑娘又摇头，"也有年轻人从那边走过来的。"

老板又不出声了。

"要不，您从我工资里扣除就行了。"姑娘怕丢了自己的工作，小声地说。

老板没有回答，只是说："这样，你将那双鞋剩下的一只再摆在原地方吧。"姑娘想了想，不免佩服老板，这另一只鞋不是钓饵吗？定会钓来那贼的。

姑娘一直盯着那只鞋，盼着那贼来，可这几天店里的生意很好，一眨眼，那只鞋又不见了。姑娘吓得不轻，要是真的从她工资里扣除这双鞋的钱，那她这个月工资就得少一半。

姑娘正想对老板说说鞋的事，老板先开口了："是不是另外那只鞋也不见了？"

姑娘只是点头。老板却笑了笑，说："算了吧，我知道另外那只鞋会有人拿走的。你想想，这老人鞋，要是有人来偷，那肯定是有原因的，要么是老年人太喜爱了，可手中拮据；要么是做子女的想要尽孝，却舍不得花点钱。你说，这双鞋既然已经被人拿走了一只，那剩下的一只我还留着有什么用呢？"

姑娘明白了，那剩下的一只鞋，是老板故意放在那儿让人给拿走的啊。

三年后，姑娘也开了家鞋店。十年后，姑娘的鞋店成了省内外有名的连锁鞋店。她的鞋店的标志，是半双鞋，那只老人鞋，黑色的面料上绣着金色的菊花。那菊花，一年四季，都艳艳地开着。

父亲的爱里有片海

我从海边回到"金海岸"小屋的时候，已经是下午 5 点多钟。我是从海边回来的最后一拨人，其实昨天我就可以回来的，要不是为了多拍几张"海韵"图片，回去让我那些还没见过海的学生们长长眼，我才不会在这海边多待一会呢。从前天开始，广播、电视、报纸等各大媒体陆续发布消息，大后天将会有台风登陆。昨天就有大半游玩的人返回了市区，今天只剩下小半游人，而且所有剩下的游人都手忙脚乱地在"金海岸"小屋收拾着行李，准备马上离开。

"金海岸"小屋是个前后左右上下六面都用厚铁皮包成的小屋子，只在朝海的那面开了扇小门。这也许是经历风暴者对小屋的最佳设计吧。小屋里有些简单的生活设施，可以供人们将就着用。这样的小屋挺有特色，前天我专门为它拍了几张特写照片。这小屋离海边最近，到海边游玩的人们常在这儿歇会脚。

天，总是阴沉着脸，像要随时发怒似的。要不是"金海岸"的小老板响着一台收音机，这"金海岸"早就没有了一丝活力。要在旅游旺季，"金海岸"屋里屋外人山人海，与繁华的市区比也毫不逊色。

"这铁板做成的'金海岸'也不是金海岸了，大家快收拾东西到市中心，躲进厚实的宾馆里去吧。"那年轻的小老板不停地大声喊着。

人们各顾各收拾着东西，少有人说话。我的东西很少，早已收拾停当。忽然，我看见两个人，约莫是父子二人，父亲有40岁的样子，儿子不过十几岁。父子俩一动不动，孩子无力地倚靠在大人身边。父亲提着个纸袋子，里面好像只有一条毛巾和一个瓶子。可是，他们一点也不惊慌，仿佛明天就要到来的台风与他们毫无关系。

"父子俩吧。"我走过去，搭了搭腔。那父亲模样的人点了点头，算是回答。

"收拾收拾，我们一起走吧。"我是耐不住寂寞的一个人，又冲孩子父亲说。

父子俩没有作声，孩子的父亲对我笑了笑，却没有回答。我想，他们是对我怀有一种戒备心理吧。

"您说，明天真的有台风?"过了一会儿，倒是那父亲盯着我问。我重重地点了点头。他的脸上爬上了失望的神色。

还有1个多小时公共汽车才来接我们回市区，大家都拿出准备好的食物来对付早已咕咕叫的肚子。我也拿出了我的食物：一只全鸡、一袋饼干和两罐啤酒。

"一起吃吧。"我对这父子两人说。

"不了。吃过了。"孩子的父亲边说边扬了扬他那纸袋子里的东西，是一瓶榨菜，吃得还有一小半。

我开始吃鸡腿。孩子的父亲转过头去看远处的人们，儿子的喉节却开始不停地蠕动，吞着唾沫。我这才仔细地看看那个孩子，真瘦，瘦得皮包骨头一样，偎在父亲身旁。我知道孩子肯定是饿了，撕过一只鸡腿，递给了孩子。孩子的父亲忙转过脸来对我说了声谢谢，我又递过一只鸡翅给孩子父亲，父亲这才不好意思地接在手里。等到儿子吃完了鸡腿，父亲又将鸡翅递给儿子。儿子没有说话，接过鸡翅往父亲嘴里送。父亲舔了下，算是吃了一口，儿子这才放心地去吃。

我忙又递给孩子父亲几块饼干，说："吃吧，不吃东西身体会垮掉的。"父亲这才把饼干放进嘴里，满怀感激地看着我。过了一会，他又问："您说，明天真的会有台风？"

"是的呀，从前天开始广播、电视和报纸都在说，你不知道？"我说。父亲不再作声了，脸上失望的阴云更浓了。

"你不想返回去了？"我问。

父亲长长地叹了一口气，说："还怎么能回去呀？"他的眼角，有泪溢出。

"怎么了？"

"孩子最喜欢海，孩子这次一定要看见大海。"他拭去了眼角的泪，生怕我看见似的。

"这有什么问题，以后还可以来的。"我安慰说。

"您不知道，"父亲对我说，"这孩子今年16岁了，看上去只有10岁吧，他就是10岁那年检查出来得了白血病的。6年了，前两年我和他妈妈还四处借钱为他化疗，维持孩子的生命。可是，一个乡下人，又有多大的来路呢，该借的地方都借了，再也借不到钱了，只能让孩子就这样拖着。前年，他妈妈说出去打工挣钱为他治疗，可到现在倒没有了下落。孩子就这样跟着我，我和孩子都知道，我们在一起的时日不会很长了。孩子就对我说，爸，我想去看看大海。父子的心是相连的，我感觉，孩子也就在这两天会离开我。我卖掉了家里的最后一点东西，凑了点路费，坐火车来到这座城市，又到了这海边小屋，眼看就能看见大海，满足孩子的心愿了，可是，可是……"父亲哭了起来，低沉的声音。

"不管怎么样，还是先返回去再说吧。"我劝道。

"不，我一定要让孩子看到海。"父亲坚定地说。

接游客的汽车来了，游人们争着上了汽车。我忙着去拉父子俩。父亲口里连声说着谢谢，却紧紧搂着儿子，一动不动。但是我不得不走。我递给孩子父亲300元钱后，在汽车开动的刹那我也上了汽车。因为我想也许还有一班车，他们还能坐那辆班车返回。到了市区，我问起司机，司机说这就是最后一班车了。我后悔起来，真该强迫父子俩上车返回的。但又想起父亲脸上的神情，我想那也是徒劳。给了300元钱，我似乎心安理得了些，但那300元钱对于他们又有什么用呢？

当晚，我在宾馆的房间里坐卧不安，看着电视，我唯有祈祷：明天的风暴迟些来吧。

然而，水火总是无情的。第二天，风暴如期而至，听着房间外呼啸的风声，夹杂着树木的倒地声；我心里冷得厉害，总是惦念着那父子俩的安危。

台风过后，我要回到我的小城去上班了。回城之前，我查询到了"金海岸"小屋的电话号码，我想知道那父子俩到底怎么样了。到下午的时候，电话才接通。"金海岸"的小老板还记得我。我问起那对父子，小老板说："我也是刚回到小屋，那孩子的父亲我前一会儿还看见了。"我的心放松了些。他又说："听那父亲说，风暴来的当天，父子俩还是去了海边，幸好及时地返回了'金海岸'小屋。我的天啦，这次的海水再暴涨一点，淹没了我的小屋，那他还有命吗？就在台风来的时候，那瘦瘦的孩子永远地闭上了眼睛，躺在父亲的怀里，脸上漾着幸福的笑容……"

我拿着电话，怔怔地站着。窗外，云淡天高，暴风雨洗礼之后的天空竟是如此的美丽！

陪我下盘棋

每年父亲生日的前一天，他都会准时地想起，然后，他会认真地替父亲买一件新衬衫。

他也想过送其他礼物给父亲，但转念一想，这样的四月天，春末夏初，正是穿衬衫的好时节，用不着花脑筋去想送什么特别的礼物了。

买衬衫时，和往常一样，他一定会仔细挑选，摸摸面料，挑挑颜色，看看做工。一般买的衬衫颜色会适当地有些变化，前年是淡黄，去年是深蓝，那这一年就选了纯白色。衬衫的尺寸大小，他当然记得，那可不能更改。价格，他也从来不吝啬，只要自己看着放心，多花上百十元他也乐意。他只有一个父亲啊。

买好衬衫，他会小心地拿起衬衫，走到商场旁几十米外的快递部。快递部的工作人员也认识他，连连说着羡慕的话："您真是个有孝心的儿子，我们都得向您学习。"每每这个时候，他也会轻轻地笑一笑，算是回答了快递人员的话语。

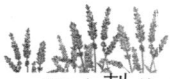

他知道，大约在第二天中午，父亲就会在 300 公里之外的老家收到他寄过去的衬衫。每每这个时候，他会满意地走回家。他想象着父亲收到衬衫的高兴劲儿，父亲准是立马脱下旧衣服，换上新衬衫，闻闻衣服的味道，拍打拍打，看看镜子里自己穿上新衣服的模样，欣慰地笑了。

他庆幸，他每年都记得父亲的生日。他体会到了当儿子的快乐。

照例，在第二天中午，他会打电话给父亲："爸，祝您生日快乐。"然后，他当然会问："我给您买了件衬衫，您收到了吗？"电话那头的父亲会止住习惯性的咳嗽，说："收到了，收到了。难得你这么用心。你们的小家，红子和小菡都还好吧。"他知道父亲在问候小家庭的妻子和女儿。于是，连声说着好。挂了电话，他又是一阵高兴，他觉得父亲收到他寄去的衬衫肯定是满意的。

这一年父亲的生日，恰好逢着他公休。他想着回老家去看看父亲，亲手把新衬衫送给父亲。他先给父亲打了个电话，然后开着车上路了，不到四个小时，他就到了老家。母亲正在厨房里忙着，做着他喜欢的蒸土豆。父亲呢，坐在屋前的藤椅上，正等着他回来。

他拿着给父亲精心挑选的湛蓝色衬衫，走进了父母的房间。打开父亲的衣柜，他想将今年的生日礼物放进去。他一惊，这几年给父亲买的衬衫，居然大都没有穿，整整齐齐地摆放在衣柜里。有几件崭新的衬衫，居然没有打开包装。他眼眶发红。

这时，屋外的父亲开口了："回来了，好啊。虎子，来，陪我下盘棋。"

他走出屋外，见父亲早将棋盘摆好。这是三十多年前的一个画面了啊。那时，他才 6 岁，父亲也是这样，摆好了棋盘，教他下棋。过了两年，父子两人的棋艺难分高下，有时一下就是大半天。有时，父亲得到了两招棋艺，就想着和自己较量较量呢。自己呢，也常常想着和父亲切磋切磋。

可是，后来他求学离开老家，再后来工作、成家，忙忙碌碌，他记得已经好久没有和父亲下盘棋了啊。

他一边应着，一边赶紧走过去，坐在父亲的对面，右手拿起手中的棋子时，他的眼里已含着泪水。

他知道，送给父亲最珍贵的礼物是什么了。

花鼓

　　江汉平原的秋冬时节，稻谷收进了粮仓，人们穿上了夹衣。这时候，是要有场戏的。

　　以皮影戏居多。哪家得了孙子，或是子女结婚，主人就会请台皮影戏。乡下唱戏没有固定的戏台，于是就搬几张过年吃饭才用上的四方桌子，方方正正地一拼，戏台就成了。皮影戏班子的人也不多，提前一天请好，当天叫来，天一黑立即开锣，好不热闹。

　　但江汉平原真正的戏不是皮影，而是花鼓。

　　花鼓，本来不叫戏，原是江汉平原的人们遇上灾荒时沿路乞讨时的唱调。"沙湖沔阳州，十年九不收"，唱调之人以沔阳地区的百姓为主。遇上灾年，他们外出乞讨，带着特有的三棒鼓或者渔鼓，一家一家地走，一家一家地唱，所以也叫"沿门花鼓"。"穿街过市流浪苦，沿门乞生唱花鼓"，道尽了他们心中的多少哀伤。后来，没有了灾荒时，他们也在田间地头唱，就有了广为流传的薅草歌。然后，发展到逢年过节喜庆时也唱，于是就开始流行高跷、采莲船、蚌壳精、三棒鼓、渔鼓、敲碟子等说唱歌舞。这些，也算是正宗的民间艺术了。最后，发展成为有剧情的戏，就是花鼓戏。地处荆州，就称之"荆州花鼓戏"。

"这花鼓才叫戏呢。"白水村里60多岁的胡心冲脸涨得红红的，大声说。

这已是农历十月，村子里老伙计胡心好的七十大寿还有一个多月就到了。胡心好的儿子胡天这几年养鱼有了些积蓄，就想着请台花鼓戏来为老爹祝寿。胡心冲拍了拍胡天的肩膀，竖起大拇指："小子有孝心！我来帮你联系。"胡心冲是会唱花鼓的，只是，人们这些年好像从来没有见过他上台表演，只是听到他喝酒之后不停地哼唱：

墙外喜坏杨玉春。

先前是我错怪你，

水落石出见真情。

墙外打躬赔不是，

白头到老结同心……

大家一听，就知道这是《站花墙》里小生杨玉春的唱词。再让他唱，老头儿胡心冲却笑笑："不唱了，唱不了了……"

胡天和胡心冲当即确定冬月初十、十一唱两台花鼓戏。花鼓戏班得提前一个月去请，任务自然落在了胡心冲的头上。第二天，胡

心冲就骑上自行车，赶往四十里外的戏班联系点。他不打电话联
系，也不坐公共汽车，说"那样心不诚"。

冬月初八，开始张罗戏台。专门建一个戏台是最好的，但是不
实用，也不划算。还是用四方桌子拼，村子里三十二户人家，就将
三十二户人家三十二张四方桌子都搬了来。要是少了哪一家，人家
就会有想法的。借着唱戏，让每家每户都沾点喜庆福气。戏台要
平，平得像一大张四方桌子一样，大伙就用破砖碎瓦塞桌子脚。初
九，"江汉"花鼓戏剧团进入村子。胡心冲和剧团的李大头、陈立
身两位是老朋友，都是年过六十的人了。他们也闲不住，和小年轻
们一起挂帷幕、牵电灯，又忙活了一天。

戏台搭好了，电灯点亮了，夜也不黑了。胡心冲便和李大头、
陈立身几个老朋友开始晚餐，说明天得上戏台，是喝不成的，那今
晚还是喝点酒。坐在下首的胡天刚刚给几位斟满酒，却听得有唱调
从戏台上飘过来：

> 风吹杨柳条条线，
> 雨洒桃花朵朵鲜。
> 春风不入珠帘内，
> 美容何日转笑颜……

大伙一听，这不正是明晚就要上演的花鼓戏《站花墙》小旦王
美容的唱词吗？戏中，王美容正要和丫鬟春香一起去找自己的心上

人杨玉春。

这唱腔正哩。花鼓戏团团长李大头心里一惊。

"再唱一个，再唱一个……"戏台前有人在叫喊着。戏台一搭，人们就聚拢来了。

于是又传来了唱词：

　　　公子你且放宽心，
　　　终身大事我担承。
　　　一更鼓，二更静，
　　　三更时分进花园。
　　　赠你的金子十六两，
　　　赠你的银子两半斤……

大家知道，这里的剧情是王美容在向心中人杨玉春对质，戏中将杨玉春"调包"成自己的坏家伙张宽在偷听呢。

李大头、陈立身和胡心冲，他们正要端起酒杯的手忽然停住了。

就听见有人在戏台前大叫："疯子，女疯子，快下来……"李大头、陈立身和胡心冲他们就顾不上喝酒了，跑步来到戏台前。他们担心，有人来砸场子。

胡天连忙上前向他们解释："不要紧，估计是个疯子。"

可是，女子不顾别人阻拦，继续再唱：

> 金子拿回去买田种，
>
> 银子拿回去攻诗文。
>
> 大官小官求一个，
>
> 来接你妻王美容。
>
> 纵然科场不得中，
>
> 海角天涯我随行……

唱戏的女子没有化妆，也没有行头，只是清唱。她的声音，缠绵婉转，不绝于耳。她的头发遮住了脸，看不清楚她的模样。

陈立身是小生出身，他将《站花墙》"杨玉春"的唱词接了上来：

> 墙外喜坏杨玉春。
>
> 先前是我错怪你，
>
> 水落石出见真情。
>
> 墙外打躬赔不是，
>
> 白头到老结同心……

戏台上的女子听了，立即停住了唱，她的脸上满是泪水。然后，她缓缓地走下戏台，又快步地向远处跑去，一下子没了踪影。

陈立身拉住李大头，小声说："大头，她是王梅云。"李大头这才明白。他们两人拉着胡心冲又回到了酒桌。

胡心冲端起酒杯，喝下满满的一杯白酒，说："她，还是来了……"六十多岁的胡心冲，脸上全是泪水。

他们三人，都知道三十多年前的一个故事。在花鼓戏剧团里，唱《站花墙》的小生、小旦，他们两人到了谈婚论嫁的时候，但是小生听父亲的话，娶的是村里的一个姑娘。小生婚后便留在了村里，不再上台唱戏。小旦不知道跑去了哪里，据说嫁了一次，又嫁了一次，十多年之后成了个疯子，就爱唱戏，到处乱跑，家里人也不去管她……

女疯子在村子里上台唱戏的事，是前年春节时我的父亲讲给我听的。

倾听生命的叮咚声

　　小时候听歌曲《童年》，我会时不时地哼上几句："一天又一天，一年又一年，迷迷糊糊长大的童年。一天又一天，一年又一年，盼望长大的童年。"就在这迷迷糊糊之中，在无忧无虑之中，我们似乎很快就长大了，眨眼之间，我已步入不惑之年。

　　其实，时间的脚步啊，一刻也没有停止过。

　　记得那时父亲有一本台历，红色的封面上画着跳动的鱼或者是大红的仙桃，这代表一种吉利吧。这本台历，一张日历就是一天的日子，"日子"里有这一天的阴历、阳历、星期以及重要节日、重点农事的提醒。第一张"日子"当然是元旦。父亲偶尔会在上边写"又是一年新的开始"之类的话语。然后，父亲每天都和这本台历亲密接触，他会在上边写下一天重要的事，也会记下家里的收支情况。有时，买了一碗豆芽菜，他会准确地记下"豆芽1斤，5毛"。他与友人聚会，也会写下"聚会"，会列出聚会人的名字，有时还会写下当天的心情。父亲在写的时候，我也在一旁看着。偶尔，父亲也会让正读小学的我动笔，帮他记下当天的事情。那时我们家有三兄弟，家境不大好。但父亲每每走到台历前时，总是面带微笑的。日子一天一天地过去，我们一天一天地长大。我们一家人，快乐地生活着。

后来我参加了工作，也在我的办公桌上摆放了一本台历。我也学着父亲的样子，时不时地在台历上写一点什么。我的生活，就在这一张又一张的日历中翻过。我每天看书，坚持写作，认真工作，我觉得充实。我一天又一天地成熟，一天又一天地进步。

不知是什么时候，我有时居然会忘记我的台历。有时，过了好几天，我的台历也没有翻过新的一页。我开始觉得日子过得快了，工作似乎更忙了。我说，我的时间不够用了。

于是，用上了挂历。挂历是一个月一张，上边是大幅大幅的图片，下边是一整个月的时间表。当然有阴历和阳历，以及星期几的提示。我觉得轻松多了，时不时地，我也会在挂历上做一些记号，记下一些特殊的日子，算是对自己的提醒。可是，一段时间之后，我居然会忘记我的挂历，因为，我又有两个月没有翻挂历了。已是深秋十月，我的挂历还是"八月"的那一张。我啊，觉得时间过得太快了。

这样，我选择了年历。一年十二个月，这十二个月的时间表全在一张精美的大纸上。在这张大纸上，也许还印上了当红影星的图片呢。我觉得这是个好的选择，我拿起笔，圈下了其中的某些日子，这些都是有纪念意义的日子啊。谁曾想，我用红笔标记的弟弟

的生日，居然给忘记了。我看了看日子，这已是一年的最后几天了。时间过得真是快啊。这张年历上的照片，我仔细看了看，才发现是我喜欢的一个女明星。唉，这张年历我怎么连美女照片也来不及看就用完了呢？

我在想，我是不是应该回到台历的岁月？我的日子，应该还是一天一天地来度过。认真过好每一天，其实是延长了生活的长度，拓宽了生命的深度啊。

白驹过隙，忽然而已。一天一天地度过，倾听自己生命的叮咚声。

面筋铺子

这是一条学院街。学院街的尽头，有一家烤面筋铺子。

铺子小，不过七八个平方。但，每天人来人往，面筋生意特别好。

来吃烤面筋的顾客，大多是大学生。有穿着裙子的女大学生，一笑，让人觉得全世界都灿烂。有打完篮球的小伙子，一只手不停地擦着额头的汗水，另一只手却接过烤好的面筋放进自己的嘴里。还有一对一对情侣，男孩拉着女孩的手，男孩慢慢地将面筋送到女孩的嘴边，看着她吃。女孩有些腼腆地笑着，男孩不停地说："吃啊，好吃呢。"

铺子的老板和员工，都是一个人，也只有一个人，一个看样子不过二十出头的小青年。小老板站在一群大学生中间，就像是一群同类人，分不清哪个是小老板哪些是大学生了。小老板不停地烤着面筋，从上午十点多一直忙到凌晨一二点。大学生们见到他的时候，就只见到他在烤面筋，就像一个做好的雕塑一样。小老板重复

着他烤面筋的动作，加面筋，烤面筋，加佐料，递出去。

小老板是有名字的，有人问，他也说了好几次，但是大学生们都忘记了。大家都叫他"面筋"。小老板不生气，这样叫也好，不是免费做了广告嘛！

但这个"面筋"也不大像雕塑，因为他爱笑。他烤面筋时虽然戴着口罩，可是，仍然会时时地听到他的笑声。他几乎记得来他铺子里消费的每一位顾客。他会和他们聊聊天，问一问上次补考的男生是不是过了，聊一聊那个东北的女生家离俄罗斯有多远。说着说着，他就有了笑声。开心起来，他就会大笑。他是不用一个一个收钱的，大学生们都知道烤面筋的价格，自觉地将钱投放在他的钱盘子里。小老板是用个盘子在收钱，如果要找零，也是学生们自己处理。

熟识的大学生也爱和"面筋"说话。就有好几个人问过他一些问题，工商学院的大男生平，音乐学院的爱唱歌儿的雯，师范学院最爱吃烤面筋的林子，问他为什么来这儿烤面筋啊，每天能赚多少钱啊，烤面筋有哪些技巧啊，什么时候能找女朋友啊。"面筋"也会一次又一次地笑着回答。说是高中一毕业，没有考上好的大学，就出来打工了，正好家中的妹妹也要上学，两个妹妹，当时一个上高中，一个上小学。还说，烤面筋当然赚钱啊，生意好的时候一天可以赚上 1000 多元。

但"面筋"也会时不时地问大学生们一些问题。问，晚上什么时候睡觉，每天消费多少钱，每天的学习时间大概有多长。也问，函数题目解题时要注意些什么技巧。还问，什么年龄谈朋友最美好。大学生们有时作答，有时哈哈一笑。但这时的"面筋"却不笑了，他的抽屉里有好几个本子，他在上边不停地记录着一些什么。

时间总是流动的。小老板"面筋"在这个小铺子送走了好几届学生了。

又是九月，一个新学年到来。最爱吃烤面筋的林子来了，他已经是大四的学生了。他一气儿接过了十串面筋，愉快地享受着。等他睁大眼睛一看，是那个工商学院的平递给他的。

"怎么？你来给'面筋'帮忙的吗？"林子问。

"我现在是这烤面筋铺子的老板，以后请多多照顾生意。"平笑着说。

"小老板'面筋'呢？"林子问。

"他，名儿不叫'面筋'，叫'李三省'，将铺子转让给了我。他不是今年成了你们师范学院的大一新生了吗？"平说。

"还有，那个最爱唱歌的音乐学院的雯，据说成了他女朋友呢。"平又补充说，一副无比羡慕的样子。

你是我师傅

头发盖住我的双耳的时候，我就想着要去理发了。理发的地点是固定的朱玲精剪发屋，那里有固定地为我理发的苏师傅。苏师傅是个女孩，眼睛不大，但笑起来可爱。常常，她一看你的头型，就能迅速确定给你理什么样的发型。但这下苏师傅不在，听说是远嫁他乡了。

洗发工便又为我安排了一位理发师傅。师傅是个 20 多岁的大男生。他没有自我介绍，只是腼腆地笑着，然后拿起梳子、剪子忙碌起来。我也随手拿起晚报开始阅读。其间，师傅只是一声不响地剪着头发，只听到他的一句话："留长一点好，还是短一点好？"

"当然长一点好啊。"我说。我又听到剪刀掉在地上的响声。

终于理完了。我看了看时间，足足用了 45 分钟。这是我最长的一次理发时间。到服务台买单，领班连声对我说着"对不起"。我倒有些莫名其妙了。我一想，他大概在说这师傅替我理发不怎么样吧。我对着镜子看了看，确实比我习惯中的短了许多，而且整体上看确实不够美观。

"没有什么啊，很好啊。"我说，"这师傅理得挺仔细的，服务特周到，应该是个技艺不错的好师傅。"

因为是常客，我走出门，总领班将我送出来，口里仍然说着"对不起"。"其实，今天这师傅刚出师，他这是第一次单独给人理发。下次来，一定给您安排个技术一流的师傅。"总领班又说。

"他姓什么？"我问。"姓王。""那好。下次我来时，还找王师傅。"我笑了笑，对着总领班说。

回到家，老婆见了我的发型，连声说是个"汉奸头"，没理好。我说："这才是现今最流行的发型呢。"我不去管它。当然，我知道这回遇上了个技艺不怎么样的师傅。先不说这整体看不够美观，就说他问我"怎么理"，便知道他是个新手。还有，技艺精良的师傅会将剪刀掉在地上吗？

过了十多天，我接到一个陌生号码打来的电话："您好！您是我师傅。师傅，这几天找我理发的人可多了，我想叫您一声师傅……"我一头雾水，那端又有人接过了电话："您好，我是朱玲精剪发屋的总领班，上次替您理发的王师傅这些天在店里可火啦，找他理发的人多着呢。我就纳闷了，您那次真不知道他是第一次开剪吗？"

"你说呢?"我反问了一句,没有回答。"头发剪了,就会又长起来的啊。"我又加了一句。

关了电话,我在心里高兴:我不是理发师傅,但却收了个理发师傅做徒弟呢。

第五辑

一方池塘一方梦

蓖麻绕园书香远 ┼─

　　1982 年，我在村子里的小学上三年级。小学的条件差，除了几本课本，是没有任何课外书的。天生偏好阅读的我，有时拿着父亲给我的那本破烂的《新华字典》也会看上老半天。这自然不能满足我阅读的欲望。直到有一天，我看到有同学正在阅读小人书，于是，我知道我要做什么了。

　　小人书，我们那时管它叫"娃娃书"，因为上边全部画着大大小小的"娃娃"，"娃娃"的下边，还有小小的文字进行解说。后来，知道它的学名叫作"连环画"，但我们仍旧叫它"娃娃书"，觉得亲切、有意思。

　　我想要看"娃娃书"。这是我当时最直接的想法。乡下的孩子，能够看上一本"娃娃书"，那是最好的阅读享受了。可是，一本"娃娃书"的价格，少则三分钱，多则近二角钱。这个价格也不算高，但对于乡下的孩子，手中是没有零花钱的。何况，我的家中有三兄弟，父母从田地里劳作所得并不多，家庭拮据，我从父母手中

肯定是拿不到买书的钱的。

再大的困难，也挡不住一个想要阅读的孩子的愿望。我想出了"生钱"的办法，那就是：种蓖麻。

我打听到，镇上的供销社收购蓖麻果。于是，就在这一年的秋天，我开始了种蓖麻的计划。乡下的沟渠边，长着大大小小的植株，其间就有蓖麻。我想着要将这些野生的蓖麻收编成"正规军"，种到我家的菜园边。我将它们的果实摘下来，并不是急着去售卖，而是留作明年的种子。这些种子，我是一粒一粒认真挑选的，籽粒饱满，连着那花纹，像极了一个一个吃饱了肚子的小小的土蛙。

春天的第一场雨过后，是种下蓖麻的最好时间。在我家菜园的篱笆边，每隔上一米远，我就会用小铲子挖一个小洞口，然后放入两粒蓖麻籽。之所以放入两粒种子，是担心其中有一粒会坏掉。然后，将刚刚挖出的土轻轻地盖上。这时候种下蓖麻，是用不着浇水的，温度也适宜。只过上五六天，我就会再跑来看看。这时候，就会看到有的蓖麻籽已经冒出了青绿的芽儿。有的洞口长出的是双株，像挤着小脑袋的两个小孩子，那是两粒蓖麻籽都发芽了。不过不用急，再过上几天，它们长得更苗壮一些了，我会帮着它们"分家"的。

我的蓖麻，只种在我家菜园的四周，不占地，也便于我对它们的管理。每天中午放学后吃饭之前，我会在菜园四周巡视一圈，看看那些可爱的小蓖麻们是不是长高了。下午一放学，我也会到菜园四周转一转，我要看一看那些小可爱们有没有受伤。不到一个月，蓖麻们就会长到一米多高。这时候，是用不着去管理的。它们会一个劲儿地向上蹿，开花，准备结出自己的果实。蓖麻花并不漂亮，花朵小，像那奔跑在田间地头的一个个乡下小女孩，可爱而淡雅。那叶子，就像是一个个大大的手掌。有风吹过，我可以闻到蓖麻叶里散发出的略微苦涩的气味。

　　大约在夏季的六七月份，早一些的蓖麻就开始结果了。蓖麻的果实，是长着刺儿的，像一个个毛茸茸的小球。先是青绿青绿的，慢慢地，颜色变深变黑。等到果实完全变成黑色的时候，就可以采摘了。采摘果实的时候，蓖麻的叶子并没有枯萎，要特别小心叶子上的毛毛虫。这种虫子，浑身长着细细的刺，身上长着漂亮的花纹，可它是会蜇人的。我们害怕地叫它"洋辣子"，因为我亲身"领教"过它的厉害。只要接触到它的毛，哪怕只是轻轻地碰碰，也一定会让你的皮肤疼上一阵子，长出一团又一团红红的小肉结。不过，要是真被蜇到，我们也不会去找医生，只是在家抹上点牙膏。这牙膏，似乎就有清凉止痛的作用。当看到手中的小篮子里装满大大小小的蓖麻果实，那手臂上的疼痛更算不了什么了。因为，蓖麻果实是可以换钱的。那时我们就听说，蓖麻籽能提炼成药，治疗腹泻；它也能提炼成蓖麻油，主要是工业用。

　　摘下的蓖麻果实是可以直接拿到镇上的供销社里去卖的，这样就免去剥落成籽儿这道环节。蓖麻果实的外壳有些坚硬，如果剥落

成籽儿，得用双手的大拇指使劲，不然，你就得借助嘴巴的力量来咬开了。但如果将蓖麻果实剥落成籽儿去供销社里卖，价格当然好得多。我认真地做过计算，一小篮子五六斤的蓖麻果实，如果剥落成籽儿去卖，会比直接售卖果实多赚上二角多钱。

在儿时，二角钱也算多呢，可以买上三四本"娃娃书"了。

就在1983年这一年的秋天，我用卖蓖麻果实赚的钱，买来了23本"娃娃书"。像《林海雪原》《隋唐演义》《鸡毛信》就是在这一年买的。每当买来新的"娃娃书"，我就会坐在家里的门槛上看一阵子，晚饭也顾不上吃。第二年、第三年，我种蓖麻的经验越来越丰富，卖出的蓖麻果实也越来越多，家中的"娃娃书"也就越存越多。除了种蓖麻买来"娃娃书"，我也和班上的同学交换"娃娃书"来读。每每一放学，同学们会迅速地做完家庭作业，然后聚在一起阅读"娃娃书"。各自看着自己喜欢的书，没有一点儿声响。有好几次，我们看"娃娃书"入了迷，直到月亮升起，家中的父母在叫着自己名字的时候，我们才回到自己的家中。

为了更好地保存这些精美的"娃娃书"，在一个周末，我在每本书的封面外又加上了一张书皮，然后用毛笔小心地写上书名。同时，对我手中所有的"娃娃书"一一编号。这是为了便于交流，也便于阅读。1985年9月，我进入初中时，清点了我的"娃娃书"，数量达到了396本。

我不停地阅读着我手中的"娃娃书"，我也用我的"娃娃书"

不断和班上的同学交换着阅读。就在这持续的阅读过程中，我感受到了语文的另一个世界。

这朴素的蓖麻，长满了我的学生时代。我种蓖麻换得的这一本又一本的小人书，激发了我的阅读兴趣，让我走进了我的文学王国。

后来，我不单单阅读小人书了，开始不停地阅读各种各样的书，一头扎进了文学名著的海洋。厚厚的《三国演义》，在初中时我已经看了两遍。接着，进入《西游记》和《水浒传》的世界。然后，是《复活》《三个火枪手》，虽然读不太懂，但我也乐在其中。可惜的是《红楼梦》，那时我只是听说过这本书，但从没有见过，至于第一次阅读，是后来上大学时才完成的。这期间，我也开始接触《论语》，是从我爷爷的书堆里寻到的。另外，我也阅读了大量的杂书，像话本小说《薛仁贵征东》《杨家将》，像琼瑶的《窗外》《六个梦》，等等。

就这样，我知道了封神榜的神奇，知道了三国故事的精彩，知道了隋唐英雄、杨家将的壮烈。我开始慢慢接触外国经典文学作品，开始了解列夫·托尔斯泰、莎士比亚和泰戈尔这些伟大的作家和诗人。我懂得了战争的残酷，懂得了母亲的伟大，懂得了天空的辽阔。

在大量的阅读积累之后，我进入到我的写作世界。这些年来，我写出了一些文学作品，也发表了一些教育教学文章，出版了20

多部著作，算是对当年那个在菜园四周种蓖麻的乡下小男孩的美好回应吧。

今年春节回老家，我特意看了看我的那些"娃娃书"。我的这些亲爱的小伙伴们，正酣睡在老家二楼的书箱里，它们，已经成为我心中的无价之宝。

将一篇文章读懂

我们的生活有些浮躁，读书，可以让我们冷静下来。

我们的生活要有质量，需要我们每天都要读书。

我们每天都在读书。有做大学问者，啃着自己的专业书籍，废寝忘食，那是真正的成大事者。有小商小贩者，在做生意的间隙拿一张都市报，有事无事地看上几个字，那是在消磨时间。更多的是如你我者，有自己的工作，我们有选择地读着认为适合自己的书。

那应该怎样看书呢？有的有点时间就看一看，还常常说自己太忙；也有手不释卷的，成天拿着本书，不知他将书中的内容看进去了多少；有的看书真是快，几天一本或者一天一本，速度快得惊人。是天才，他可以一目十行，尽快地获取智慧。但是又有多少天才呢？非天才，想要一目十行，效果肯定是囫囵吞枣，甚至一句话一个字也记不住。

半部《论语》治天下，不是没有可能。那就是将这半部《论语》的内容研磨透了，运用化了，了然于胸。这是精明的读书

之人。

"读书破万卷"确实有道理，但读了"万卷"却没有达到"破"的境界，他又有多少收获呢？只求速度不要质量地读书，只能是事倍功半，或者是劳而无功。

有藏书之人，书虽多，但读得少，那只能算是书虫。也难怪袁枚先生说"书非借不能读也"。其实，有的时候，你不妨也借书来读，因为，这也是逼着自己读书，让自己将书读好的一种方式。

我们要有一颗平静的心。用这一颗平静的心，先将一篇文章读懂。如果觉得一篇经典美文，你尽可细细品味，沏一杯清茶，燃一支香烟，尽情享受。如此，不仅对得住作文之人，也对得住自己的读书生活。于自己，不也是焕然一新吗？自己的精神得到了一次彻底的洗涤。

只有先将一篇文章读懂，你才可能将一本书读好。将一本书读通了，你才可能读懂更多的书。读了尽可能多的书，你才能真正拥有自己富足的精神生活。拥有了良好的精神状态，做什么事情你会不成功呢？

远离尘嚣，让自己安静下来，先把一篇文章读懂，由此开始你的阅读之旅吧。

走进青春

亲爱的小菡，你好。再过几天，你就要进入十八岁了，老爸还是给你写几句话吧。

你夏天出生，我为你取名"菡"。菡者，菡萏也，夏天最美丽的花，亭亭玉立，清香扑鼻。因为有你，我们的家庭总是弥漫着幸福，散发着快乐。

才两三个月大的你，晚上熄灯了，总会睁着圆圆的眼睛跟着手电筒的光柱转个不停。人啊，与生而来的是向往光明。十四个月大时，坐在小板凳上的你，忽然站了起来，居然学会了自己走路。虽然你小心地迈着自己小小的碎步，但是，在爸妈的眼里，这是你人生的第一步。你，总是笑呵呵地，充满着童趣。爸妈工作忙，一岁九个月时，你刚刚学会说话不久，就被送进幼儿园。背着个小书包，书包里什么也没有，每天上学装点小零食，你一个人偷偷地躲在幼儿园小后院里吃着。一小瓶饮料，你喝完只要五六秒钟，还会时不时地摇一摇。等到正式上了幼儿园，我们的工作更忙了。常

常，我去幼儿园接你回家时，只有你一个小朋友在幼儿园门口等着我，但是，你总是笑嘻嘻的。那年"六一"儿童节，你穿着仿清廷格格的衣服拍了张照片，高兴得手舞足蹈。

上了小学，你更加聪明伶俐。你跑起来像只小兔子，好多小朋友都追不上你。你学什么会什么。刚买不久的儿童自行车，才骑了几天，你就让老爸将那辅助作用的两个小侧轮取下，因为你能够自由骑行了。转"呼啦圈"比赛，几个比你大的小朋友都成为你的手下败将。跳橡皮筋，你就是那个"拖尾巴"，帮着那一个个落后的小组。去长阳清江旅行时，你最小，才六岁，但你跑得最快，总是走在旅行队伍的最前头。你还会弹奏电子琴，在一次文艺晚会上你还表演过《洋娃娃和小熊跳舞》哩。但是，你也有粗心的时候。小学二年级，数学老师请你帮着收资料费，收上来的 50 多元钱，放在教室里，却不翼而飞了。一次老爸给你买零食的 5 元钱，一下楼，那钱却不见了踪影。你也有淘气的时候。在老家玩耍时，你跑到很远的一个幼儿园里，奶奶动用了好几个人才将你找到；你将妈妈的一条珍贵的围巾，剪裁成了你的小布娃娃的装饰品；你在外公的阳台上，用火柴点燃了报纸，看火烧得大不大……

初中时，学习压力大了些。每天坐着校车到学校，每天背着大量的作业回家，你开始投身到题目的海洋之中了。但这也难以挡住你快乐的天性，每周湖南台的"快乐大本营"节目你照看不误。初三年级时，你居然偷偷地用自己的压岁钱买了一部学生手机。其实啊，爸妈也没想着给你多少学习的压力。只要你快乐，就是我们的快乐！

进入高中，你的学习压力更大。爸妈总是想着帮你缓解学习压力。文理分科，爸妈潜意识里希望你选择理科，和你谈了许多。但是，最后你选择了文科。从这天起，我知道我们的女儿长大了。关于高中的学习，我和你探讨过一些学习方法，我帮你制订一些学习计划。几乎是你上学的每一天，老爸总是陪着你上学、陪着你放学。你还记得老爸为你制作的《每周学习安排跟踪表》《小菡成绩冲刺记录表》吗？你应该还记得老爸帮你贴在床头的几条温馨提示语：明确目标，注重效率；因为自信，更加美丽！

这些年来，我每年都用相机为你记录下来你的一些生活片段，这是我们共同的最美好的回忆。

前几天，你在高考考场里浴血奋战。高考，是一个人最美丽的涅槃。尽管有人诟病高考，但是，人生如果缺少了高考，就缺少了一份磨炼。这几天，我陪着你，目送着你走进高考考场，又将你从高考考场里接出来。看着你红红的脸，看着你浅浅的笑，看着你小小的怒，我心里高兴着，因为我知道，经历了高考，你会慢慢地成熟，慢慢地长大。我试着帮你缓解压力，我试着帮你渡过一次又一次难关。可是未来的日子里，肯定还会有一次又一次的难关来袭，你准备好了吗？

作家余华说：十八岁出门远行。你的十八岁就要到了，你做好

出门远行的准备了吗？

人生本来就是一次出门远行，你得准备好你的行囊。

你不是富二代，更不是官二代，你所拥有的是你本身的优秀品质。我们都是农民的孩子，黑色的皮肤上写满着朴实。朴实，这种美好的品质，希望能陪伴你一生。就像乡间的栀子花，没有华丽的颜色，却芳香长久。

你要永远懂得尊老。百善孝为先。你要尊敬自己的祖父母、外祖父母以及天下人的尊长。无孝，不可交。以后你离家的时候太多，有点空闲，多回家看看自己的亲人。

你有自己的聪明与才智，加上你的勤奋，你会拥有自己优异的学业。正值青春的你要思考你未来的方向，思考你的人生之舟驶向哪个港湾。

你没有倾城的容颜，但是你可以拥有自信。自信，可以让你更美丽。

你要学会独立。独立面对社会，遇事不慌，冷静地思考问题，细心地解决问题。

你也要懂得一些人情世故，学会与人交往。生活在真空中的人，他的心也会空掉。

你还要学会与人相处，尤其是与异性朋友相处。闲暇的时候，不妨学学打扮的艺术。

你的行囊里终将收获你的爱情与事业。那是几年之后，你幸福的另一片天了。

就像一只羽翼初丰的小鸟，你就要飞出鸟巢，去寻找自己的一片天地。在那片天地里，有青草阳光，也有暴风骤雨。相信自己吧，孩子！亮出你的聪明与勤奋，带上你的朴实与自信，你的那一片天地一定更精彩！

一方池塘一方梦

　　我的家乡在江汉平原，长江像一条巨龙从县城边游过，汉水支流东荆河如一根玉带绕着我们的小村庄。这里的平原，地势平坦似棋盘，大大小小的池塘如棋子一般，散落其间。

　　我们的小村庄，就有着这么一方池塘。我的家，就在池塘边上。

　　幼小的我们听着池塘边的洗衣声慢慢长大。天刚刚泛白，池塘边已成了小集市一般。东边的婶婶，西边的婆姨，端着一个大木盆，一颤一颤地出来了。大木盆里，是一家人昨晚换下的衣裳，有时也有大大的床单，那是家里的小孩子又尿床了。木盆的上边，有洗衣板，波浪形的塑料块，两端钉上了木块。还有洗衣粉，用小盒子装着。木盆的最上边，是一个小板凳，这是用来坐着洗衣裳的。没有预约，每天几乎是固定的时段，池塘边女人的声音准时响起。衣裳就着洗衣板，发出"扑哧扑哧"的声音，如一个乐手敲打着手鼓。也有用洗衣棒来锤洗的，发出的声响就大了，"砰砰"地响着，应着不远处的回声，将东方的云层里的太阳叫了出来。

男人们来了，挑着大大的木桶来担水了。来时空空的，走时满满的。时不时地，和别家的女人说着笑话。小孩子们也醒了，来到了池塘边。稍大一点的，就开始择菜洗菜。小一点的孩子呢，母亲找来个小瓶子，灌了洗衣粉的水，让他们就着一支小管子，吹起五颜六色的小泡泡。

幸福的一天就这样开始了。

村子里有池塘，最快乐的当然是男孩子了，其中就有一个我。

我们可以钓鱼。用细长的竹竿，顶端系上细细的尼龙线，尼龙线上系了五分钱买来的鱼钩，鱼钩上挂了红红的蚯蚓。红红的蚯蚓最能诱鱼，尤其是鲫鱼，鱼钩才下水，就有鲫鱼来咬钩。简单的钓具，也能大有收获。不到一个小时，小小的鱼桶里就会有十几条鱼。有时会钓上刺泥鳅，这是我们最心烦的事，那家伙浑身是刺儿，咬住了鱼钩，却难以取下来，弄不好还会伤了我们的手。机会好时，居然能在池塘钓起甲鱼。我曾经就很幸福地钓起了一只甲鱼，鱼钩给拉断了，甲鱼掉进了池塘边的稻田，最后还是没能逃脱被我抓住的厄运。有时不钓鱼，我们也可以用水盆蒙上层塑料纸来捕鱼。盆里会投放些细米类的食物，蒙上的塑料纸上有个小洞，放在近岸边的水下。一会儿，就会有贪吃的小鱼儿进到小洞里，成为我们的猎物。

最快乐的事当然是游泳了。十岁之前，父母是常年地叮嘱我们不要到池塘边玩，更不要下到池塘去，说池塘里有水怪专吃小孩子。但我们不管，在炎炎的夏日，我们会背着父母，下到池塘里

去。我们的游泳没有教练，全部是自学成才。七八岁的我们，都会"狗刨"，两只手不停地向前刨，两条腿不停地向后蹬。长大了一些，我们学会了仰泳，这是最轻松的姿势。还有潜水，我们叫作"扎猛子"，好几次，我们自发地进行这种比赛。

池塘里每年都会投放些鱼苗，腊月二十左右，村子里就架起了抽水机，将池塘的水不停地向稻田里排放。我们管这种事叫"干坑"。只要"干坑"了，池塘里的鱼就全显现出来了。看着鱼儿们在剩下的一小片水域拼命蠕动，我们庆祝着属于全村人的丰收。村子里的成年人，就提了水桶去捡鱼，再运到村子里的仓库去。池塘里是养过大鱼的。我见过一条鱼，几乎有成年人的身体那么长，两位伯伯抬着放进村里的仓库。最幸福的事儿是分鱼。大大小小的鱼，按重量平均分成小堆，然后抓阄。抓阄一般由家里的父母派出家中的孩子来参与，拿到阄之后，全家人都会幸福地提起自己的那堆鱼，高兴地说："好啊好啊，我家的小子运气好着哩，抓到的这鱼最好……"人们都说着几乎相似的话语，孩子们一路跟着，连蹦带跳地回到家中。

去年春节之前，我回到家乡，回到生我养我的村子。那方池塘，已然没有了清澈的水，也不见自由游动的鱼，只见满池塘的水草，散发出有些腥臭的味道。我问父亲，父亲也只是叹气。走在池塘边，我似乎看到了小时候的我，在池塘里快乐地"狗刨"着。可是如今，这方池塘带给我们童年的美好哪儿去了呢？

月色三国

　　月色如银，缓缓轻泻在我家的禾场上。

　　禾场的正中央，两条长凳上，安放着圆形的簸箕。簸箕上，堆放着雪白的棉桃，像一座小小的山。棉桃是白天里父亲母亲从棉田里采回来的，桃里绽放着雪白的棉花。我们知道，今晚的任务就是剥棉花了，要将棉桃里的棉花一朵一朵地取出来。

　　我和弟弟两个，一个十岁，一个八岁，正是贪玩的年龄，不想做这活。我们想着在月光下和村子里的小伙伴玩捉迷藏，头上戴着柳枝编成的"军帽"，气宇轩昂地抓坏蛋，那多神气。说不定，能猫到村头的瓜地里去偷瓜吃，也能解馋。

　　但是，父亲说："我今天来给你们讲故事，讲三国，可以吧?"

　　我们来了兴趣，抱着试一试的样子，坐到了簸箕边，开始剥棉花。

　　"话说天下大势，分久必合，合久必分……"父亲开始讲故事了，他第一个故事是《刘关张桃园结义》，我们记住了那个瞪着大

眼睛满脸胡须有些吓人的张飞，知道这个吓人的张飞成了三弟的原因。父亲讲："张飞啊，想做大哥，最先爬上了树，心想我爬得最高当然是大哥。那个关羽，也不服输，爬到了树半腰。只有刘备，不慌不忙，站在树下，他吟了一句诗'万丈高楼平地起'。呵呵，他自然成了大哥了……"我们哈哈大笑，父亲也笑。

我们不再抱怨，心甘情愿地剥棉花。父亲的三国故事一个接一个，那簸箕上的棉桃也一个接一个地减少。我们不再嫌弃那如小山一般的棉桃了。

就是在那些有月亮的晚上，我们开始想听那些精彩的三国故事。放学之后，我们总是早早地做完作业，等着月亮出来，帮着母亲将长凳和簸箕摆放好，将棉桃倒在簸箕上。然后，我们等着父亲到来，等着他的三国故事开讲。

故事开讲了，我们兄弟是极少插话的，总是认真地听着。《三英战吕布》《过五关斩六将》《赤壁之战》《七擒孟获》等一个个故事，从父亲的口里慢慢吐出。月光如银，缓缓轻泻在我家的禾场上。那白日里也还青绿的杨柳，也染上了银白的颜色。棉花似雪，我们正采摘着一朵一朵轻盈的雪花。墙脚的蛐蛐，叫个不停，不知疲倦地在一旁伴奏，唱着丰收的歌儿。

三国故事讲了好几年，似乎总是讲不完一样。后来，我读完小学，要到十多里外的中学上初中了。住在学校，有月亮的晚上，我总是会想起家中的棉桃，想起父亲的三国故事。一放暑假，我又开心起来，因为，我们又可以开始听三国故事了。

　　记得好几次，在讲故事的间隙，母亲也盛来煮熟的花生，让我们吃着歇息一会儿。弟弟吃着花生，就会问父亲："您讲的故事，都是真的吗？"父亲也只是笑，说："我也是听你们读过古书的爷爷讲给我听的，家里也有这本书——《三国演义》，你们也可以看啊。"于是，白天放学之后，我们兄弟二人就一起翻看那本《三国演义》，还只是读小学的我们对这本书看不太懂，有不少的字也不认识，但是，我们能读懂书上的基本情节。有时，书中的故事情节和父亲讲的有些出入，我们在晚上的时候就和父亲争论不休。争着争着，我们都会哈哈大笑。也就是这本《三国演义》，和父亲月色下的三国故事，让我们的学习快乐了起来，也知晓了一些基本的人生道理。我们以后的求学、工作，应该或多或少地受到三国故事的影响。

　　多年以后，我们兄弟成年，仍会想起那月色下的三国故事，想起那如银的月光，想起如月光一样雪白的棉花，想起我们一家人一起吃着煮花生的场景，想起我们一家人哈哈大笑的样子。

一路芬芳

从我家到工作的学校，不过三四里。

就有了那么一条三四里的小路。

我每天走着去学校，走着回家。

路是水泥路，硬硬的水泥路，时不时地会有一辆小汽车"呼"地窜上前，也会有载满石子的大货车咆哮着向前冲。但我走我的路。

路的两旁，总是散发着满鼻子的芬芳。散发着芬芳的是一株又一株生长着的植物。青翠欲滴的是一大片又一大片叶子，加上紫红色、淡黄色、深青色……俨然一幅精美的水彩画。

最诱人的是那矮矮的栀子花树。一年四季，它的叶子总是青绿青绿的，叶片上总是闪烁着逼人的光泽。我的故乡也是常有栀子花树的，比它高大，叶子会枯黄而落，但花香却是一样的。四五月间，栀子花树就成了那娇羞的少女一般。只是一场雨过后，花蕾就如那胸脯一样，饱胀起来，丰满起来。要是一阵清风吹来，那缕缕的清香，就从紧紧的蕾尖泻了出来；也许会吐出一袭白色，那是真要盛开的前兆。

　　走在小路上，我有时也想着一些杂事，乱得如一锅粥，闻着这清香，就理出了头绪。然而，矮矮的栀子花树也就那么一小片，我真要感激那种花的使者了。

　　有时，我会构思正在写作的小说的情节，走着走着，就走回了家。

　　路旁也有不知名的小花，夹杂在青草间。一阵风过，像眨着眼睛一样。有蜂蝶飞舞着，花儿肯定是她们最好的家园了。有香樟树立在路旁，并不高大，总是像老朋友等着你的到来。那如一座座鸟巢样的树冠，几乎就是个大大的香囊。你从树下走过，它就会释放出大口大口的香气，偷袭你的鼻子，让你不由得放慢了脚步。

　　有小块小块的菜田，每块不过两三个平方，却也演绎着四季之歌。有的会种上豌豆，那花儿开了，暗紫带白的颜色，没有浓香，却带着泥土的气息。我记起乡下的母亲，曾喂养叫着"豌豆花"的母鸡，那鸡的毛色，和这暗紫带白的小花真是一样呵。花开了不过一个月，就会有青翠的果儿露出脸来。等上几日，你会情不自禁地凑过去，摘下几颗果实来品尝品尝。不必担心，肯定不会有人来轰赶你的，因为，你的光临是对菜地主人的赞美。那果实，我们叫它"豌豆巴果"。乡间，也常有这样的鸟儿叫着，"豌豆巴果，豌豆巴果"。有人说，它在叫"阿公阿婆，割麦插禾"，是在劝人们要勤劳吧。

我也见过这小块小块的菜要换季的时候。蒜苗枯萎了，得一束一束地缠起来，如少妇头上的髻。这是不能丢弃的，因为下头还藏匿着大个大个的蒜头。地空出了一些，就会栽上辣椒苗，或者栽种瓜蔓，瓜蔓伸着触须，开始占领自己的地盘。还有豆苗，三五棵挤在一起，热闹地伸长脖子向上生长。

小路上也是有怪异之景的。醉酒的汉子在小路上呕吐，似乎要吐尽人生的苦水，然后是撕心裂肺般痛哭。黑夜时，也有肥硕的老鼠溜出来，向前猛地冲刺，吓人一跳。

我是没有一丝恐惧的。前边不远处，就有我可爱的学生们，我早已听到他们的琅琅书声了。

小路不长，却颇有几道弯。也许正因为多了这几道弯，走路也就多了些情趣。走在香樟树下，时不时地，我会蹦跳着，揪下一两片叶子，放在鼻尖闻闻，小孩子一般。

我每天走着去学校，走着回家。

每天，一路芬芳。

在雨中奔跑

　　这几天接连下着雨。我忽然想起，我已经好长时间没有在雨中奔跑了。

　　我不会像那些行为艺术者，他们会故意选择在雨中狂奔。但我怀念我曾在雨中奔跑的生活，喜欢那种感觉。

　　童年的岁月里，在雨中奔跑是轻松而快乐的。放学的那会，正下了雨，是不用等着家人来送雨伞的。一头冲进雨中，慢慢地跑起来。于是就有小伙伴，一个接一个地，从校门口跑出来，在雨中，像比赛一样，一会儿就没有了人影。也有顶着张报纸奔跑着的小伙伴，边跑边笑，多了些趣味。要是正在田野里打猪草或是捉泥鳅，如果要下雨了，我们并不慌张。我们只是忙着我们手中的活儿，任那雨点慢慢变大，由细碎的小砂粒变成豌豆大小，我们仍旧笑着闹着。等到村子里的大人们打着雨伞、拿着雨披大声地叫着我们的时候，我们才慢慢地从田地里回到岸上，在雨中，一路跑回家去。其实，我们的衣衫早已打湿，但因为跑起来，又多了些感觉。父母是极少责怪我们的。因为，他们知道，经常在雨中奔跑、雨水中浸泡的我们，是不会轻易感冒甚至染上其他疾病的。

即便是在家门口，要下雨了，我们也跑出来，在禾场转上几个圈。要是在夏日，是有着不少的蜻蜓（我们小时候依其外形叫它"丁丁"）的。数不清的"丁丁"不停地飞着，飞得低低的，似乎我们用手就能抓得到一样。但我们不去抓"丁丁"，我们喜欢下雨时奔跑的气氛。"细雨鱼儿出，微风燕子斜"，应该有着这样的意境吧。

渐渐长大，我大学毕业参加了工作，好几次下雨，我故意不带雨伞，行走在雨中。我时慢时快，感受着雨水淋湿我的头发、淋湿我的衣衫的快意。我似乎有着东坡先生一样的豪气，"竹杖芒鞋轻胜马，谁怕？一蓑烟雨任平生"。随着年龄增长，下雨了，我也像身边的人们一样，会想着带雨伞。有一次下雨，我故意将雨伞落在了办公室，正想着体验一把雨中奔跑的感受。想不到，同事帮我带上了雨伞，我苦笑一下，在雨中又撑开了雨伞。

如今，每每下雨，似乎习惯性地必带雨伞，我在雨中奔跑的愿望只得一次次搁浅了。

但我对雨的喜爱是不变的。"沾衣欲湿杏花雨，吹面不寒杨柳风"是春天的美好，"天街小雨润如酥，草色遥看近却无"是京城的繁华，"一夕轻雷落万丝，霁光浮瓦碧参差"是下雨时的壮观，"随风潜入夜，润物细无声"就是雨的美德了。

在我的内心里，我还是想着体验一下在雨中奔跑的感觉。好在，我仍有着早年的一个习惯，每当下小雨的时候，我不打伞，即使是身边有雨伞，我也不会带上。

因为，在雨中奔跑，我喜欢。

总有一个人，在一座城里等你

上个月，我要到宁夏的银川去开会。银川于我而言，是陌生的一座城，我是希望逢着一个熟悉银川的人。

会议开了一天，我忽然想起，我的师范同学西武在银川啊。既然会议安排得不那么紧凑，我能见一见老同学。找到了联系方式，拨打了他的电话。老同学西武很是惊喜，说一下班就开车来接我。果然，他开了车，带了宁夏最好的枸杞来到我的住处。然后，我们找到当地最有特色的酒馆，点了一份炒羊羔，再加上两个特色菜。两个人，说起了同学间的往事，滔滔不绝。喝完了一斤白酒，又喝啤酒，我们将同班的同学一一回忆起来。也就是这一次，我们两人的这一次联系，让我们全班所有同学加强了联系，让同学之间的关系更亲密了。更有趣的是，在银川，我居然遇见了我的初中同学平清。而他，已是北京理工大学的博导，这次是带着研究生来银川做课题研究的。

其实啊，总有一个人，在一座城里等你。

等你的那个人，也许就是你心中的爱人，这是最美的遇见。这种等待，是预约的幸福，是等待的快乐。也许，这等待里有异地恋情的悲苦；也许，这等待就是幸福的人儿又一次相会。而那真正的爱情，便在这一次又一次的等待中慢慢成熟，自然地修成正果。这世间，假如有不能终成眷属的恋人，也会在这等待与相遇中品尝难得的浪漫与甜蜜。

等一个人，不只是为着爱情。为着爱情，是爱情的美好；但为着友情，为着亲情，也有着各自的美好。

在苏州出差，我联系上了我家中的小弟。他在苏州工作了好几年，常年盼着家中的亲人过去看看。我们兄弟二人，开着车，到了同里古镇。夜色阑珊，我们走在同里古镇的古街上，随意地吹着牛，说着家中的人、国家的事、天下的事。古镇小河边，灯光闪烁，成了我们兄弟最美好的回忆。回到武汉，和一个文友全兄会面，喝上一杯酒，文坛趣事就说开了。那些熟悉或不熟悉的文友们，就浮现在了我们的面前。

暑假我到深圳，一个多年前的友人知道了我的行踪，打电话给我，我们见了面。彼此说起多年前的往事，谈起了当年的奋斗史，串起了我们的一段美好，又计划着我们各自更理想的未来。路过广州，已经毕业十年的学生非得留下我，我不得不改签车票。他又约来好几位同学，又是一次小型的师生聚会，将我们的时光沉淀成最醉人的美酒。

要回家了，就在你居住的那座城，不管是大都市还是小县城，你的家人就在家中等待着你。这种等待，是温暖的期盼，是一家人的团圆，是人生的幸福。

　　总有一个人，会在一座城里等你。一个人，会掀开一座城的美丽，会唤醒一串人的记忆。也只是一个人，会擦亮那尘封的底片，冲洗出一组最幸福的照片。

怀念书信

怀念书信。

提笔写下文题的时候，我的心中涌起一股酸酸的味道。我和书信已是恍如隔世的感觉了。虽然，我每天会从我的电子邮箱里收到几封信件，隔三岔五地我也会从邮递员手里接过牛皮纸信封——或是用稿通知，或是样刊，但是这些所谓的叫作"信"的东西，它们已经失去了作为书信的意义，我在心里不把它们叫书信。

一股暗流常在我的心头涌动，常常想着迸发而出。我怀念那些有书信的日子，那种真正属于我的书信年代。

搬个小椅子，或许会泡上杯好茶，清淡静雅。然后，拿过邮差递来的书信，那写有自己尊姓大名的信封，竟也会把玩一番。目光当然停留在信封的右下角，看看是谁谁谁寄达我处的——当然，有时是不用停留的，信封上的字体，一落眼就知道了是谁。这时，那人的音容笑貌早已从脑海中闪现，回忆起属于我们或快乐或惆怅却也让人铭记的日子。接着，慢条斯理地撕开信封封口。小心翼翼地拆开，生怕弄坏了信封，更担心弄疼了友人邮来的深情。

喝着茶，细细品酌着茶的清香，也慢慢将书信展开，一字一句慢慢享用。眼睛盯着不放，生怕看漏了一个字。读信的味道，也正如喝一杯茶，有时清香，有时苦涩。清香时暗暗细品，苦涩时暗自落泪。末了，再看看信纸反面，也许还可以读到一点暗示呢。有画一幅小图增添乐趣的，更有写个谜语让你猜个半天的。

这时，你回信的念头也就蠢蠢欲动了。有时慌忙拿过信纸，信纸也是有讲究的，有色彩绚丽的，有平淡如水的，得看你给谁回信，得看你的心情如何，你便选择怎样的信纸，然后草草而书，一气呵成，颇有曹子建为文之豪气。有时，将来信放上几天，再拿来看时，别有会意，这时动笔，颇讲章法，写完之后自己读上一遍，真感觉是篇情真意切的美文呢。不管怎样，回信时，给人的感觉就像是和人在说着悄悄话，面对面地在说。也许是豪情满怀，也许又是情意绵绵。

信一写好，便装进信封，信封上的字体也得选择选择。我是不习惯总用一种字体的，特别是"收信人"一栏，我会凭我的感觉另外书写一种字体，比如"地址"用正楷体，"收信人姓名"用隶书。而右下角的落款处，肯定是自己签名式的行草了。小心翼翼地封好信封，马不停蹄地赶往邮政局。若是晚上封的信，须等到翌日早晨邮寄，但又怕忘了这件事，便在记事板上郑重地写上"发信"二字。这样，才会上床安心地入睡。临投进邮箱那会儿，还会把信拿出来看看，想想是不是该写的都写了呢，真有种"复恐匆匆说不

尽，行人临发又开封"的味道。信投进邮箱，便长长地呼出一口气。同时，另一种希望就已经潜滋暗长起来——什么时候，我才能收到回信哟？

有几个周末，我关了电脑，关了手机，将自己关进了书房，翻出我的一大袋信件，足足有400多封呢。然后，席地而坐，一封又一封地看起来，品味着我的亲友们传递给我的幸福，享受着一份真正属于我的快乐。曾在两次搬家时，爱人对我说："你还留下这些信件有啥用？不如把它们都扔了。"我拦住了她，说："这才是属于我的真正的宝贝。"我知道，她是不知道书信的重量呀。

书信的往来，是人与人真正意义上情感的交流，更是一个人挺直脊梁的力量。"烽火连三月，家书抵万金"，是一颗挂念之心；"雁字回时，月满西楼"，是一种凄美之爱；"乡书何处达，归雁洛阳边"，是一片思乡之情。鲁迅先生的好多书信，激励了无数革命青年的成长；傅雷家书，培育了一个让他自己引以为豪的儿子；张海迪和史铁生的书信来往，相互勉励，相互鼓舞，谱写着各自坚强的人生。我们，感受着书信的温暖，吸取着书信无尽的力量。

可是，书信这个精灵，似乎就要偏离我们而去……

社会在发展，人与人的情感交流也似乎趋于一种速成化，即使千里之外，一个电话或一封电子邮件就能解决许多问题，再难找到书信的生存空间。我不是复古主义者，我有接收电子邮件的坦然心态，但是我还是更怀念真正属于我，属于我和我的朋友们的书信年代。

怀念书信。

第六辑

蝴蝶翩翩入梦来

蝴蝶翩翩入梦来

像一个个迷幻的精灵，自由地飘飞，忽上忽下，悠闲，自在。一会是密密的一团，是球状的奇观，倏忽又成了一对一对，成了年轻情侣们惹眼的风景。

蝴蝶翩翩入梦来。蝴蝶飘飞，成了一个蝴蝶的季节。

成群的蝴蝶确实是一种奇观。我常常惊叹于我所居住的院子蝴蝶之多——有时会有上千只吧。这些蝴蝶们自由地变换着它们的阵势，不等你走近，又集体飞到邻家院子里去了。

后来读到一篇关于"蝴蝶泉"的文章，知道那儿的蝴蝶才真叫多，才真叫美丽。在点苍山北峰，有一蝴蝶泉，泉边有一株高大的合欢古树，横卧泉上，被誉为"蝴蝶树"。这儿每年的阳春三月到五月，大批蝴蝶聚于泉边，漫天飞舞。最让人称奇的是万千只彩蝴蝶，交尾相随，倒挂蝴蝶树上，一个连着一个，结成长串，垂及水面，蔚为壮观。徐霞客曾在他的游记里这样描述："还有真蝶万千，连须钩足，自树巅倒悬而下及于泉面，缤纷络绎，五色焕然。"诗

人郭沫若曾去过蝴蝶泉，也曾写下"蝴蝶泉头蝴蝶树，蝴蝶飞来千万数，首尾连接数公尺，自树下垂疑花序"的诗句，足见蝴蝶聚会之盛况。我虽没有去过蝴蝶泉，但仅由此，便也可想象蝴蝶泉边的奇观了。

儿时的我，总想要捕捉几只蝴蝶，哪怕只是一只，也会觉得心满意足。但是，总是事与愿违。比我大三岁的哥哥，他总能帮我用自制的丝网捕捉到一只又一只蜻蜓，却总是捕捉不到蝴蝶。我手里拿着那只大眼睛的蜻蜓，觉得不好玩，觉得它总是用眼睛瞪着我，我只得将它放生。

"要是有只蝴蝶多好啊。"我总是这样想。等到我上了高中，读了大学的哥哥告诉我，其实当年的他并不是捕捉不到蝴蝶，只是看蝴蝶那么漂亮，不忍心捕捉啊。那一只一只的蝴蝶，其实是一个又一个美丽的灵魂呢。

我似懂非懂，只觉得记忆中的蝴蝶是一个凄美的故事。

很小的时候，听瘪着嘴的老奶奶讲梁山伯与祝英台的故事，从来不吵不闹。听着听着，老奶奶有时竟会掉下几滴泪来。我们什么也没听懂，只知道有两个人，是非常要好的朋友，死后变成了一对蝴蝶。后来上小学时跑了十几里土路去看《梁山伯与祝英台》的电影，看来看去，却睡着了，醒来时就问大人们："蝴蝶呢，说有蝴蝶的呢？"

大人们便笑起来了："蝴蝶呀，早就飞走了……"

可是两个人又怎么会变成两只蝴蝶的呢？我去问过瘪嘴的奶

奶，她说她也不知道。我小学快毕业时壮了壮胆子，问我年轻的语文老师，他顿了顿，说："为什么变成两只蝴蝶呀，你长大了就知道了。"以后的日子，我遇见蝴蝶，尤其是成双成对的蝴蝶时，就会躲得远远的，让伙伴们也不去捉它们，说："这是鬼蝴蝶！"后来，我知道人是不可能变成蝴蝶的。蝴蝶只是一种再平常不过的小生灵，它怎么可能是人变成的呢？成对的蝴蝶，是美好爱情的化身，更是人们对幸福生活的憧憬。

再读张爱玲的书，她的好朋友炎樱说："每一个蝴蝶都是从前一朵花的灵魂。"我似乎懂了，蝴蝶是回来寻找它美丽的前世，寻找它的灵魂。我明白了蝶与花的前缘，蝶的执着，花的期盼。

曾读众多"蝶恋花"词牌的词，总觉得是一种美好，濡染着纯净的美丽或淡淡的忧伤。豁达欧阳修写"庭院深深深几许，杨柳堆烟，帘幕无重数"的胜景，多情柳永发"衣带渐宽终不悔，为伊消得人憔悴"的感慨，乐观苏轼描绘"花褪残红青杏小。燕子飞时，绿水人家绕"的图画，伟人毛泽东直抒"我失骄杨君失柳，杨柳轻飏直上重霄九"的情怀。我每每读到"蝶恋花"的词，就觉得一只只美丽的蝴蝶在我眼前飘飞，她们装点着我们的生活，丰富着我们最纯真的情感。

蝴蝶，是一个在诗中栖息的精灵。

一首诗里，闯入翩然的蝴蝶，便多了几分甜蜜。蝴蝶，也总是追随着轻柔的风儿，在写满唐诗宋词的花枝栖息。在我生命的诗词里，我不止一次地找寻着属于我的蝶儿，找到了，常常，我又怎忍

惊扰你的清梦呢？我是在感受着化蝶辛酸的美丽——蛹破茧而出的刹那，牵动着心，凝聚着血，凤凰涅槃般威猛，春笋破土般鲜丽。

我室内的书桌上，是朋友送我的蝴蝶标本，从云南大理带回来的。小小的木框里，背景是淡雅的菊枝，两只蝴蝶相对而舞，她们翩翩而起，纤须毕现。木框左上角题写着两句诗："不畏风霜向晚欺，独开众卉已凋时。"这诗，是在说菊，但我觉得更是在说菊与蝶。也许，只有美丽的蝶才配得上淡雅的菊吧。

窗外，两只蝴蝶上下翻飞着，嬉戏着。它们翩跹着，在一串串粉白的细碎如米粒大的花蕾上栖落，再起飞。起起落落之间，我看到的是执着的寻觅。一只蝴蝶在找寻什么呢？我不知道。美丽的她们能否找到自己的前生？

人生如寄，在生命的花海中，你同样有过不倦的翩跹，而今你是否找到了那个属于你自己前世的灵魂，可以与之相拥为一，在流光中说着契合的美丽？

桃花未开正看时

正是三月，草长莺飞、柳绿花红的时节，接连十多天的阴雨也离去了。惠风和畅，天朗气清。

友人建来电话，说："看桃花去！"

如此良时，我正想寻个去处，这下正合吾意。挂了手机，叫上正在忙碌的妻，欣然前往。

我们的目的地是邻市的桃花山，车程并不远，还在车上的我就开始想象美丽的桃花，那肯定是一幅天下最美的桃花图：漫山遍野的桃花，或粉红或洁白，应该有"满树和娇烂漫红，万枝丹彩灼春融"的热闹；络绎不绝的游客，应该也是满脸的粉红或全身的洁白；当然还有桃花山的人们，"阡陌交通，鸡犬相闻，黄发垂髫并怡然自乐"，应该是陶渊明笔下的桃花源景象。

司机对路不熟，一路问去，路边总有人相答："不远了，就到了，前面就是桃花山了。"看着他们一张张朴素的脸，我们觉得，真是到了桃花源了。果然到了，又问："哪里进山啊？"照样是一个

桃花一样的声音："到处都可以进山的。"

我们先来到仙人洞的入口。身边，有三三两两的游客，也准备登山。远远望去，山上没有想象中的粉红或洁白，只有或青或绿的一大块。"应该是隔得远了吧。"建的妻子说。我们满怀着心中的桃花，努力地向山上爬。路是逼仄的小路，偶尔有几块石板铺着，如果不小心，还会滚下山去。我们一步步地向上爬，同来的孩子们就不同了，她们一路向上小跑着，只有满心的快乐。她们说，爬到仙人洞就会有鲜艳的桃花。山路两旁，分明有一棵又一棵的桃树，可是分明没有一朵桃花。我和妻细细地看着那一棵又一棵桃树。

"这桃花，为什么还不开呢？"妻说。

"想看桃花啊，来早了。"一同登山的中年游客说，"今年的春天来得迟，桃花当然开得迟了。"

我们一同来的人就叹气了："要是迟几天来就好了，我们可以看见满山的桃花了。"

"未开的桃花也能看啊。"中年游客说，"你们看看，这含苞的桃花，在细细的枝条上凸起，多像一个个小精灵，正孕育着一个个美丽的生命。这座山，整座山都孕育着无数个生命呢。还有，这空气，多新鲜；这树木，多青翠。"听了这话，我想起袁枚先生说"残红尚有三千树，不及初开一朵鲜"，也是同样的道理吧。

我们就细细地看那桃枝，青黑，细长，枝条上生长着无数个小突起，不，生长着无数个小生命。轻轻地抚着桃枝，凑近，轻轻地闻闻，满鼻的芬芳。

继续向上爬着，这青翠的芬芳越来越浓，我们的脚步也越来越快。到了仙人洞，早到的孩子们就向我诉苦："你看看，一朵桃花也没有，我们白爬了啊。"我对着孩子们笑："过几天我们再来，那桃花不就开了吗?"孩子们就又高兴起来。

仙人洞里供着两尊菩萨，我们虔诚地拜了拜，然后小心地下山了。

山下有新建的农庄，朴素的山民朴素地在家中做点小生意。我们点菜，土鸡，山笋，野芹，香菇……全是正宗的土菜。山民在他自家的厨房里开始忙起来，我们在他家自由地看看电视，玩玩扑克，倒真有一种家的味道了。

路过桃花山革命烈士陵园，我们怀着崇敬的心情瞻仰了一会。

"快看，桃花!"一个小孩的声音喊。果然，不远的"红色大本营"前，有两株正在开放的桃花，鲜艳夺目。我们的脚步就加快了。走近，我们都哈哈大笑，原来，是两株人工的塑料桃花。看来，是我们满心的希望与想象，欺骗了我们自己啊。

桃花旁有贺龙元帅骑战马的大雕像，喜欢拍照的孩子们又开始忙个不停了。

真让我们惊奇的是山上的竹子了。一根连着一根，有时三五根抱成团，匍匐而前。我们就继续向山上走，可是，哪里走得到尽头哟。这是一片竹海!满眼都是竹子，竹节、竹叶，还有竹根。满眼都是绿色，但一点儿也不刺你的眼。我们的心情，也成了绿色，翡翠一般。在这样的竹海里，拍下的每一张照片都是最美丽的。

依依不舍地下山，我们正准备往回赶。一旁的山民说："还有龙泉寺你们没有看哩。"我们就又驱车前往。龙泉寺在山脚下，虽然历经战火，却仍然保存完整。寺的规模不算大，不像云南的大寺庙有着恢宏的气势，也不像我们老家的祖师庙终日香火不绝，龙泉寺就是那么古朴、安静地卧在桃花山脚下，没有张扬，没有喧闹。早听人说，龙泉寺的住持道行很深。有人建议说，我们去拜会拜会住持吧。寺庙有位居士说主持此时不在。我摆了摆手，说："不用了。"寺庙里一尊尊佛像、一副副对联告诉我们，这座龙泉寺本身就是一位智者，是一位得道的高僧啊。

回家的车上，我们就逗同来的孩子们："你们今天看到桃花了吧？"

"没有没有，我们下次来就能看到盛开的桃花了。"还只有六岁的小小说。

"看到了桃花啊，我们看到了未开的桃花。"妻说。

是的啊，我们看到了未开的桃花，我们也会看到盛开的桃花。孔子所倡导的"冠者五六人，童子六七人，浴乎沂，风乎舞雩，咏而归"之快乐不正是如此吗？真正的桃花开与不开，那是你心中的花事。有时候，一株鲜艳的桃花，会在心中经久不息地绽放。

武大樱花寻不见

　　清明时节，我从杭州看西湖归来，落脚武汉，正等着商务车送我回家。还有两个小时的间隙，忽然想起年年春日念想的武汉大学校园内的樱花。

　　武大樱花俨然是武大或武汉市的一张名片。有旅游公司说：赏花何必去日本，三月樱花唯武大。

　　阳春三月来武大赏樱成为我心中挥之不去的念想。

　　那里是一片灿烂。那些花儿，或粉成一团，或白成一片。白的，洁白如雪，晶莹剔透；粉的，粉红似佳人，顾盼百媚生。那儿人头攒动，上演着春天里的热闹。

　　粉色的花雨，如雪的花瓣，似乎我已经开始行走其间。

　　这下正好，我可以去寻访一下名闻天下的武大樱花了。

　　雨后的校园，静谧如画。站在武大校门前，仰望标志性的牌坊，迷倒了向往武大的众多学子。正有人在拍照留念。我也掏出手机，自拍。觉得效果不佳，见有学生经过，忙着叫住了一名女生。

女生很大方，选好角度为我拍下了两张照片。

满眼的青绿，我迷惑了。说好了的，武大的樱花呢，那灿烂的色彩呢？

有名男生背着书包从我身旁匆匆而过，我凑过去，急切地问："同学，请问武大的樱花在哪儿啊？"

男生有些腼腆，小声地说："樱花……谢了啊。"说完，他看了我一眼，似乎觉得有些对不住前来看花的我。

校园里除了学生，还有一些行人，大多是来看樱花的。也有拉住学生问"樱花什么时候谢的？""樱花在哪儿啊？"的行人，比我还要心急。

我也照样不死心，有些怀疑樱花是不是真的凋谢了。我停下来，又忍不住问一名女生："请问，武大的樱花呢？"女生莞尔一笑，说："早些来啊，你就看到樱花了。下了几天的雨，还能不谢吗？"

我知道，我来迟了，我和我的樱花美人的约会，我迟到了。

继续向校园深处走，高高低低的树木，无不焕发出青春的气息。那青青的叶子上，还有晶莹的水滴，时不时地闪着你的眼睛。在一片青绿的角落里，矗立着刚刚维修完毕的楼宇。有学生告诉我，说："这是武汉大学图书馆，也值得一看啊。"我笑了笑，走进了图书馆。图书馆里没有一丝声响，但不时有学生进出，里边书的墨香，我似乎已经闻到。

图书馆的前面，有着大片大片的长藤，青青的藤叶上开着黄灿灿的小花。小花落了一地，但仍有一些倔强地立在枝头。

有樱花！小小的树枝上，还残留着零星的几朵。数得清的几朵，色泽暗了些，但仍有精神，似乎招呼着我这个远道而来的客人。树下，有着一小堆一小堆的花瓣——经历过雨水，她们已经残破了。有暗香袭来，大约是那些花儿们身上沁出的。

我看着眼前的樱花，想起《红楼梦》里的黛玉曾说的"花谢花飞飞满天，红消香断有谁怜"句子，但我似乎一点也没有悲伤。黛玉有黛玉的悲苦，武大樱花自有其筋骨。

我继续走向武大校园深处，我用我的眼，捕捉着武大校园的春色。那满眼的绿，那穿梭的学子，那傲然的图书馆，那脚边的一株小草，成了我心中一道又一道的风景。

在武大校训石碑前，我自拍一张照片。石碑上刻着八个字：自强、弘毅、求是、拓新。

出校门时，在一块石碑前，我用手机拍下了《珞珈赋》，其中有文：

……春桃秋桂，夏榴冬梅——赏奇花一树，感彻肺腑；嗅清香几脉，沁透心脾。樱花赛雪，始发仲春之际；梅朵胜缎，笑傲岁寒之末。亭台楼阁，绿荫掩映；箫簧琴瑟，歌舞悠扬。芬芳馥郁兮最美校园，今夕何夕兮最美时光！

呜呼！有山美如斯，有水秀如斯，更兼有人风流如斯，珞珈无仙亦名耳！居中乐乐，快不可言，欣然命笔，为赋珞珈是也！

武大中文系"五老八中"之一的李格非教授曾有诗言："惟我

樱花多丰韵，总领春光数十年。"这总领春光数十年的武大樱花，我今年是看不到了。

有朋友电话打给我："你在武大看到樱花了吗?"

"看到了啊，武大的樱花已进入我心里了呢。"我说。然后，电话里传过去我一串爽朗的笑声。

听取蛙声一片

青蛙是夏天这支大军的先锋。蛙声一响，夏天便到来了。

没有蛙声，就没有夏天。

小时的我们，夏夜在外乘凉，清风送来蛙声，进入我们的耳朵。在阵阵蛙声中，我们慢慢睡去，一觉睡到天明。

蛙声是夏天最美的乐章。

唐代诗人贾弇在《孟夏》中写道："江南孟夏天，慈竹笋如编。蜃气为楼阁，蛙声作管弦。"我们可以想象，在水乡江南的初夏，慈竹的竹笋像编排起来一样苗壮生长。蜃吐气变幻出了楼阁的景象，青蛙的鸣叫像奏乐一样。诗中把初夏时节水乡江南的蛙声比作管弦之乐，这样很有些架势，也有气势。

同是唐代的诗人吴融也写诗云："稚圭伦鉴未精通，只把蛙声鼓吹同。君听月明寂静夜，肯饶天籁与松风。"这里，诗人不赞成只把蛙声比作鼓吹的管弦乐声，他觉得如果于月明人静之夜，用心谛听，蛙声更是胜过天籁之音。这种感觉，更是一种美妙的享

受了。

蛙声是诗的大意的夏夜曲。

晚唐诗人韦庄咏道："何处最添诗兴客，黄昏烟雨乱蛙声。"黄昏时节的蛙声，居然可以引发诗兴。清代诗人查慎行晚年曾入冤狱，出狱之后吟诗："萤火一星沿岸草，蛙声十里出山泉。"诗意是说青蛙的叫声虽然远隔十里以外，但仍旧能够从山泉的响声中清晰可辨。这是诗人在倾诉自己心中的不平之气。"蛙声十里出山泉"是名句，后来齐白石还以它为题画了一幅画，但重在绘其意境，没有了诗人的本意。

夏天多雨水，雨水一多，青蛙便有了自己温馨的家。因为有雨，青蛙的叫声就更卖力。爱下雨的黄梅时节，到处是青蛙的乐土。宋代诗人赵师秀的名诗《约客》写得更有情趣："黄梅时节家家雨，青草池塘处处蛙。有约不来过夜半，闲敲棋子落灯花。"

蛙声更是田野的丰收歌。

唐代诗人章孝标在《长安秋夜》中写道："田家无五行，水旱卜蛙声。"蛙声响亮，说明雨水充沛，预示着五谷丰登。青蛙是农作物害虫的天敌，一只青蛙平均每天能捕食100只左右的害虫，有的竟然可以捕食200多只害虫。青蛙，成了庄稼的好朋友。正因如此，便有了南宋诗人范成大《四时田园杂兴》中"薄暮蛙声连晓闹，今年田稻十分秋"的诗句，蛙声是丰收的预兆，蛙声成为农人的精神寄托。难怪，著名词人辛弃疾在《西江月·夜行黄沙道中》这首词中发出"稻花香里说丰年，听取蛙声一片"的赞誉。

在词人的感觉里，俨然听到群蛙在稻田中齐声喧嚷，争说丰年。这场景，我们是见过的，但这种感觉我们没有写出来。要是有贝多芬为它们作曲，应该是一场美妙的交响音乐会了。

青蛙虽小，却也能明志。明代诗人、大学士张璁，少年时上学因在池塘边玩耍弄湿了全身衣服，老师正准备处罚他，正好看见池塘边的树下蹲着一只青蛙，老师便要张璁以"青蛙"为题作诗代替罚跪。张璁略加思索，随口吟道："独蹲池边似虎形，绿杨树下养精神。春来吾不先开口，那个虫儿敢作声！"

小诗救了小张璁，得以免罚。张璁托物言志，以蛙自比，即使只是个小人物，在害虫面前，也应有老虎之英姿。"那个虫儿敢作声"，这是一种豪气，让青蛙的"万虫之王"形象跃然纸上。400多年后，有志少年毛泽东改写了此诗，"独坐池塘如虎踞，绿荫树下养精神。春来我不先开口，哪个虫儿敢作声？"他将第一句中的"似虎形"改为"如虎踞"，更加传神，以表明自己的凌云之志。这神来之笔，使原诗的气势得到了升华。

如今的我，远离了我的家乡，很久没有听到自己想听的蛙声了。梦中，我一直在思念这天籁之音。什么时候，我能听到那童年的蛙声，寻找到属于自己的家园呢？

想要见你一面

那天，我给父亲打了电话，说要回来一下。我已经好久没有回到乡下去看一看父母了，虽然我工作的小城离父母的住处不过四十公里。

还在路上，开着车的我内心里想象着和父母见面的场景。不知道他们的身体比以前是不是好了一些，不知道父亲吃的心脏病药是否见效，也不知道母亲的腿是不是比以前更有力了一些。还有，家里的菜园不知是否还能种菜，后边的小院里今年是不是新喂养了20多只鸡。

就要见面，我总会想象着见面时的样子。就会像一朵美丽的花儿，自然地开放在心间。心里，也像会播放着一首美妙的轻音乐一般，什么事儿都放下了，都不用去管了。

曾有好朋友笑话我说，你有时想见父母、家人了，那就打电话吧。我说，电话只能有声音啊。朋友又说，那就现场视频啊。我说，视频没有现场感，再说年迈的父母也不大习惯视频。我的心里，向往着古时的人们那种见面的朴素与幸福。不管是与亲人、与友人、与心上人，想要见上一面，应该会成为生活中最幸福的事。

见面如果太急，就没有了见面的味道。有了"慢"的情调，那见面的意味也就上来了。"欲扫柴门迎远客，青苔黄叶满贫家"，这是等待着的美好意境。"有约不来过夜半，闲敲棋子落灯花"，这是等待时的雅致情趣。

有时不能相见，只能思念。杜甫一个人流浪在外，无时无刻不想着家中的儿女："今夜鄜州月，闺中只独看。遥怜小儿女，未解忆长安。""枕上片时春梦中，行尽江南数千里"，漂泊在外的游子，思念故乡是一生的情怀，故乡其实永远在游子的心中。"故乡何处是，忘了除非醉"，这是李清照刻骨铭心的感受。

相见时难别亦难，东风无力百花残。杜牧叹息着见面之后的分别："蜡烛有心还惜别，替人垂泪到天明。"这是依依不舍，又是为了下一次更好地见面。

东坡先生言："咫尺不相见，实与千里同。"彼此见一面，是多么地重要。想要见你一面，我的内心里，这是一个缓慢的动作，是一个隆重的仪式。唯其缓慢与隆重，才更入心，才更美好。

老家屋后大柳树上的花喜鹊

天边泛出一丝儿白的时候，花喜鹊的叫声响起来了。

黎明，这是村子里最准时的闹钟。

叽叽喳喳，两只花喜鹊像一对新婚的夫妻般窃窃私语，叫醒了村子里的人们。

母亲起床了，拉开家里的堂屋门。村子里，各家的大门，次第拉开了，间或发出吱吱的门轴转动声，和花喜鹊的声音应和着。

沉睡了一晚的小村子，开始了崭新的一天。那黑底的天空，慢慢碧蓝，慢慢亮白。有人开始在屋前的小路上慢慢地行走，和刚刚打开大门的老邻居有一句没一句地说着话儿。水塘边慢慢热闹起来了，洗衣的，淘米的，挑水的，时不时荡起一阵笑声。

"喳喳喳喳"，花喜鹊们的声音也大了起来。不只是一对，两对，三对，十多对，它们也起床了，立在柳枝上，开起了早会。又像是拙劣的歌唱选手比歌喉一样，因为叫出的声音并不婉转。可是，它们的样子却很美，叫着时头和尾巴向下摇摆着，矜持着；不叫的间隙，头和尾巴慢慢上扬，炫耀着。

我们小孩子也起床了，揉着惺忪的双眼，顾不上洗把脸，站在我家屋前，对着屋后的大柳树叫上几句："吵什么吵，这么早，我们还要睡呢！"说归说，花喜鹊还是叫个不停。其实我们心里也并不气恼，其实这些花喜鹊是我们喜欢的鸟儿。它们在我家屋后的大柳树上，已经生活了好些年。它们是我们最好的邻居，就像我家自养的鸟儿。

那时我家的老屋，是几间矮小的平房。中间是堂屋，堂屋的房梁上搁置着一些农具，有犁，有耙，有蓑衣。堂屋两边是厢房，小小的两间屋子，大约仅能放下两张床罢了。右厢房前连着厨房，左厢房后就是那棵大大的柳树。

柳树很粗，我一直认为那是我们村子里最大最老的树。我后来上中学时查过资料，这种柳树，其实是枫杨树，大多生长在屋后，可长高至 30 米。它的名，也有地方叫它"麻柳"或"蜈蚣柳"。我猜想这名的来由，就想到这树的特征。树皮上是一条条纵深的裂痕，像一条条麻线，名之"麻柳"。它的果实一串一串的，像绿色的糖葫芦，又像长长的蜈蚣，名之"蜈蚣柳"正好。这果实，又像鸭嘴，我们小孩子亲昵地叫它"鸭比比"。

大大的柳树下，是我们小伙伴游戏的好天地。我们捉迷藏，我们滚铁环，我们"跳房子"，我们"斗腿架"。我们在大树底下乘凉，我们在大树下成长。靠近大柳树的树根，不到八岁的我曾经做过建筑师。我从房屋四周找到一些半截砖头，又在旁边用水和泥巴

和成泥浆，用泥浆和半截砖头砌成了一个小小的房屋。这小小的房屋，下小雨的时候，我缩着身子居然可以进去避雨。

这棵粗大的柳树，应该有20多米高，小时的我几乎望不到树梢，但我却可以看到树上的鸟巢。

这鸟巢，其实在几里外也是能看见的。鸟巢不止一个，最多的时候有五个。最大的那个鸟巢，应该接近1平方米大。我曾细心观察过喜鹊筑巢的过程。喜鹊会选择柳树偏高的枝头，筑巢的工作得由雌雄喜鹊共同完成。筑巢的材料主要是枯树枝。丈夫当然疼爱自己的妻，衔树枝的任务当然交给了雄喜鹊。这大概是体力的原因，因为有些枯树枝确实有些重，即便是雄喜鹊衔来时也有些吃力。雌喜鹊呢，则负责设计共同的爱巢了。这巢，远看是一堆乱枝，其实精致得很。喜鹊不但善于编织，还善于抹砌。巢分为四层：最外层由杨、槐、柳枝叠成，枝粗细如铅笔，虽长短不一，但交错编搭非常牢靠，想单独抽掉一根是十分费力的；里面一层大多为垂柳的柔细枝梢，盘旋横绕成一个半球形的柳筐，镶在巢的下半部分；再里面，第三道工序最为奇特，这是用河泥涂在柳筐内做成的一个"泥碗"，碗壁上留下了深深的爪痕，显然这是用喙衔来一块一块的河泥，再用脚趾抓着"踏"上去的；最里面，还有一层贴身的铺垫物，这是用芦花、棉絮、兽毛和鸟的绒羽混在一起压成的一床"弹簧褥子"。造巢的起初，喜鹊先在三根树枝的支点上堆积巢底，待铺到相当面积时，便站在中央沿四周垒起"围墙"，然后在"围墙"上支搭横梁，进一步封盖巢顶。巢顶厚实，枝条密实，骤雨下落，经久不漏。巢侧留一个圆洞，口径正适合喜鹊的出入。喜鹊营巢，常常历时很久，从开始衔枝到初步建成巢的外形需要两个多月，加上内部工程全部结束，需要4个月左右。

喜鹊营巢，我家中的父母也在营巢，在经营着我们的家。

我们兄弟三人先后出生，家境一般，日子过得有些艰难。村子里一位上了年岁的长者对父母说："你家不用担心啊，屋后有喜鹊，鹊登高枝，一定会喜上眉梢的。"后来村子里有人新婚，婚房的玻璃上总会张贴剪纸，那剪纸的内容正是"喜鹊登枝"。幼小的我于是知道，喜鹊是吉祥的寓意，是好运与福气的象征。

一年又一年，我家屋后的花喜鹊不停地在叫着。"喳喳喳喳，喳喳喳喳"，应该是叫着"喜事到家，喜事到家"的话语吧。喜鹊叫喳喳，好事到我家。我们兄弟三人成年后，我大学毕业后顺利参加了工作，大弟外出赚钱，小弟有了自己的公司。我们大家庭的家境越来越好。也许，这里边真是有花喜鹊们的一份功劳。

后来大学时读到唐代张鷟《朝野佥载》中的一则故事《鹊噪狱楼》，也记载着喜鹊的神奇：

贞观末，南唐黎景逸居于空青山，有鹊巢其侧，每饭食以喂之。后邻近失布者，诬景逸盗之，系南康狱月余，劾不承。欲讯之，其鹊止于狱楼，向景逸欢喜，似传语之状。其日传有赦。官司诘其来，云路逢玄衣素裕所说。三日而赦至，景逸还山。乃知玄衣素裕者，鹊之所传也。

"玄衣素裕"，不正是喜鹊的服装形象吗？一只喜鹊因为老吃

"邻居"喂的饭食，对主人起了感激之心。当主人落难的时候，它不但亲自到狱楼上去传好消息，还化身为人，假传圣旨，帮助恩人脱难。这真是一个值得传颂的故事。

又读到苏东坡先生的词《喜鹊》：

喜鹊翻初旦，愁鸢蹲落景。终日望君君不至，举头闻鹊喜。

牧童弄笛炊烟起，采女谣歌喜鹊鸣。繁星如珠洒玉盘，喜鹊梭织喜相连。

喜鹊，给人以美好和期盼的象征。人们说"鹊桥相会"，那是一种历经磨难之后的惊喜和甜蜜。喜鹊啊，总是给人们带来美好！

喜鹊，曾被儒家尊称为"圣贤鸟"。这应该是有原因的。喜鹊一年到头，不管是鸣还是唱，不管是喜还是悲，不管是在地上还是在枝头，不管是年幼还是衰老，不管是新生还是临死，发出的声音始终都是一个调。这正与儒家所倡导的君子品格相同：恒常、稳定、明确、坚毅、始终如一。

喜鹊如儒家的君子，我们却做不了君子。前些年，有人发现，如今的喜鹊，居然将巢安在了低矮的小树上，或者是光秃秃的电线杆上。有生物学家说，这是人类对喜鹊生存环境的破坏所致，值得人类思考。而我老家屋后的大柳树，也因为我家的房屋改造，而被迫将其砍伐。大柳树被砍伐的当天，我故意不在家，因为我不想面对这样的现实。据说，那天下雨了，砍伐大柳树的时候花喜鹊们不停地叫着，大声地叫着，"喳喳，喳喳"，短促而有力，苦痛而无奈。大柳树倒下的时候，花喜鹊们的巢也倒下了，几个巢里有五六颗鸟蛋。我回家时没见过鸟蛋，倒认认真真地观察过花喜鹊的鸟巢。那一刻，其实我的心里流着泪。我没有碰鸟巢的一根树枝。

如今的我，生活在城市，有着满意的工作，有着幸福的家庭。有时看到喜鹊，甚或只是听到一声鸟鸣，也总会想起我老家屋后的那棵大柳树，想起大柳树上的花喜鹊。那几声喜鹊的叫声里，有着我童年的影子。那时午后的阳光里，总是流淌着我快乐的歌谣。

坚硬的水

　　轻轻地，柔柔地，从岁月的隧道流过，如一支幽远的古曲；淡淡地，悄悄地，从沉寂的心头掠过，又如一声如雷的钟磬。因为找寻，你升腾为一片四处漂泊的云；因为守候，你凝结成一滴清晨沉睡的露；因为坚持，你消瘦成飞瀑下的一线涧水。

　　水！坚硬的水！

　　"黄河之水天上来，奔流到海不复回"说的是你吗？一片汪洋，望之不尽，不似天空遥不可及，不似险峰高不可攀。每天，你只是匆匆地向前飞奔。面对你的博大与从容，我们不能不暗叹自己的微不足道。还能有什么言语呢？唯有敬畏而已。在这里，黄河以一个强者而不强硬的姿态告诉我：真正的胜利者，不是站在前台指指点点的人，不是自以为是、不可一世的人，而是面对世间的纷繁，勇往直前、永不退缩的人。

　　"飞流直下三千尺，疑是银河落九天"说的是你吗？百米之外，即闻水声如雷。近看，即见水滴千万奔腾而下，激起银浪无数。一阵风过，身边便如细雨纷飞，使人不免生疑：莫非来自天边？一路所见，尽是奇观异彩，唯她，洁白晶莹，不染纤尘，一改先前所见柔媚之美。与彩霞携手，借高山深涧，只为一展水之力量，水之玄妙。这时，瀑布的声音告诉我：只要有心，柔弱亦可化为刚强；只要有志，平凡亦可化为奇迹。

"乱石穿空，惊涛拍岸，卷起千堆雪"说的是你吗？水能载舟，水亦能覆舟。这话真是道尽了自然界物质的水和社会中平头百姓的特质。善待自然，善待百姓，真是一个道理。自然被逼急了会反抗，这些年来，世界各地的海啸、地震、天气变暖而引发的水灾，还少吗？你，让我懂得了什么叫作气势磅礴！

"随风潜入夜，润物细无声"说的是你吗？我的家乡属古云梦泽，南面浩浩荡荡的长江穿境而过，北面东荆河缓缓流淌，境内湖泊众多，河港密布。一部家乡的历史，应该就是一部与水共存的历史。

东荆河水，莫不是我梦中的沧浪之水吗？沧浪之水清兮，可以濯吾缨；沧浪之水浊兮，可以濯吾足。家乡的河滩，满目皆水，到处都是水流的脚印。细细的、柔柔的印痕，细细的、柔柔的脚步，可就是这些看似细小的脚步，却踏出了开阔，踏出了欢乐，踏出一片生命的天地。是的，她们成功了，再坚硬的岩石也不能不在她们脚下俯首称臣。她们或许不是奇迹，但她们却用自己纤细的手指创造出了奇迹！东荆河水对我耳语：我们或许无法改变与生俱来的特性，但是只要有梦，便有希望；只要用力呼吸，便能看到奇迹！

水之形，无处不在；水之魂，亦无处不在。世间之水，总是含蓄而不怯懦、雄劲而不张扬，向我们诉说着生命的坚强——如山，高峻挺拔，巍然屹立，在一成不变与瞬息万变中诠释永恒；如风，翩然起舞，日行千里，在千回百转之际笑看万物之僵行拙步。坚毅与力量，永远是水的主题曲！

诗里看月

是在诗的天空认识了月，这个翻滚着思念与惆怅的精灵。

"床前明月光，疑是地上霜。举头望明月，低头思故乡。"孩提时，这首脍炙人口的古诗，就把月光的影子投到了你我的心上。

"月有阴晴圆缺"，月亮用她三十天的轨迹，周而复始地暗含着一种哲思——"人有悲欢离合"。月亮，又无时无刻不用她的"圆"和"缺"，诠释着人们的思念。谁又说她不是思念的化身呢？

诗人们成了她最好的朋友，诗成了她最温馨的家园。

"举头望明月，低头思故乡。"将思乡之情毫不雕饰地抒发。"露从今夜白，月是故乡明。有弟皆分散，无家问死生。"除了思念之情，还流淌着忧家忧国的感喟。"……闺中只独看。遥怜小儿女，未解忆长安。香雾云鬟湿，清辉玉臂寒。何时倚虚幌，双照泪痕干。"绘"长安月夜"，想家乡月夜，构思了他日与家人团聚时的绝妙情景。一轮明月，注满的是苍白的思念；一钩残月，更飘荡着凄清的思绪。"今宵酒醒何处？杨柳岸晓风残月"，写出了远离情人

后的痛苦；"无言独上西楼，月如钩，寂寞梧桐深院锁清秋"，表达出李后主对失去的美好江山的无限惋惜之情。

"我寄愁心与明月，随君直到夜郎西"是一种旷达，"俱怀逸兴壮思飞，欲上青天揽明月"是一种豪情，"举杯邀明月，对影成三人"是对快乐的诠释，"今人不见古时月，今月曾经照古人"是一种哲理的反思。"秦时明月汉时关，万里长征人未还。但使龙城飞将在，不教胡马度阴山"是对征战的沉思，也表达诗人建功立业的强烈愿望；"回乐烽前沙似雪，受降城下月如霜。不知何处吹芦管，一夜征人尽望乡。"是久戍边防的战士思归之情的表露，也流露出怨恨、惆怅的情绪。

"春江潮水连海平，海上明月共潮生……"好一曲《春江花月夜》，展现了春江花月之夜浩瀚幽邃、恬静多姿的巨幅画卷，并以此为背景，着力抒写了离人相思之情以及对人生哲理、宇宙奥秘的沉思遐想，可谓"月"诗中的"压卷之作"。

"海上生明月，天涯共此时。"又到中秋月圆时，我们还是要重复心中这首歌——"但愿人长久，千里共婵娟。"末了，我又想起诗人艾青的《我的思念是圆的》这首诗：我的思念是圆的/八月中秋的月亮/也是最亮最圆的/无论山多高、海多宽/天涯海色都能看见它/在这样的夜晚/会想起什么？

在这样的夜晚，你又会想起什么呢？快点回家看看，今年，你家的月亮圆吗？

聆听贾平凹

　　西安一座城，西安一个人。

　　我去过西安三次了，每次总想实现我的一个愿望，那就是去拜访贾平凹老师。问过几个我熟识的西安文友，他们笑了笑，对我说："难啊，见贾老师很难呢。"有一个文友小声地对我说："见贾老师要预约，预约成功了呢，按时去，见面不会超过五分钟，五分钟之前是一个人，五分钟之后又是另一个人；如果想要求写几个字，那是难于上青天呢。"

　　我知道实现这个愿望难，但我一直在寻找机会。终于，在西安学习的间隙，我结识了《美文》杂志的谢编辑。他笑着对我说："我来帮你试一试。"好消息在我离开西安的前一天传来了，我当晚可以去拜访贾老师。

　　晚上8点，我们敲开了贾老师的门，见到了那熟悉的面容。屋

内一名西安的女作家和他谈话刚刚结束。贾老师说着"欢迎"，我们同行的西藏女孩立即向他献上了哈达。贾老师大笑起来："这个好，这个好。"说着，他让西藏女孩站过去，和她合影留念。

在他那间小小的会客室里，我们围坐在一起。先生拿出几个碗，倒上泡好的茶。先生慢慢地说："茶是新茶，碗是旧碗，20世纪60年代的。"我们端起茶碗一喜：想不到，喝茶的碗居然也是文物呢。

墙壁的四周，是贾老师多年淘来的宝贝，密密挨挨地摆满了。一尊又一尊可爱的佛，有的只有半边脸，有的却少了只耳朵。有面目看似狰狞的木头小怪人，有那些年代久远的陶碗陶罐子，还有各种各样的石头。有一面墙是书橱，书橱里全部是先生出版的著作，包括中外各种版本。在客厅正面墙上，挂着先生手书的"耸瞻震旦"四个行书大字。我小声地问先生这四个字的含意。先生笑了笑说："这几个字，我曾经给巴金先生写过。'耸'就是耸肩；'瞻'嘛，就是看的意思；'震旦'，是中国的古称；'旦'是太阳，也是天，'复旦'就是第二个太阳。"我一下子懂了先生的心思，也佩服他的博学。

我向先生提出了我多年的一个问题："贾老师，我读书时读您的作品，如今教学也教您的作品，您名字最后那个字的读音到底应该怎样读才好呢?"

先生点燃一支香烟, 慢慢地和我讲起了他的故事。原来, 先生不是在自己家里出生, 而是出生在一户姓"厉"的人家。这户人家是地主, 但新中国成立前共产党军队的团部就设在厉家, 团部的负责人之一是贾家的姨父。贾家在贾平凹先生出生之前已经有一个孩子出生, 可惜出生之后不幸夭折。贾家姨父于是建议这又一个即将到来的小生命暂时转移到富户人家厉家出生。为了纪念厉家, 便给这个平安降临的孩子取名"贾厉平"。孩子还小, 按照当地的习惯, 父母唤来唤去, 就将孩子的名字叫成了"平娃"。等到读大学时, 这个孩子意识到自己不能叫作"贾平娃"了, 于是自作主张改作"贾平凹"。

"那凹就应该读成'wā'是正确的了。"我回应着说。

"是的, 应该是'wā'的读音。"先生说, "你看看我们面前的两块石头, 一块黑色灵璧石, 石头中间有个大大的坑洼; 另一块石头, 样子极像一只青蛙。这也是两个'wā'哦。"先生大笑, 我也为先生的幽默而哈哈大笑。

我谈到了语文教学。我说:"贾老师, 我教学您的《一棵小桃树》时, 设计教学的大体思路是先品读文之美, 再试写美之文。"

"这个好, 这个设计好。"先生接过我的话, "这是我 20 世纪

80年代写的一篇小东西，我是真的看到有这么一棵小桃树之后写的。学生学了，应该要写一写，重要的是，要写出物的精神。"

我心里惊喜，想不到先生也懂得教学之道。于是，我们又开始说他的那篇《丑石》。

"这块丑石也是真的呢，当年就在我家门前卧着。"先生告诉我们。说着，他递给我一支烟，我笑着摆手："我不抽烟，您请。"

我们拿出先生的作品，请先生为我们题字。先生拿出签字笔，一一地问着姓名，为我们写下鼓励的话语。我打开先生的最新小说《山本》，先生在小说的扉页写道："陈振林先生正：文学是精神的火光。平凹。2019年11月25日于西安。"我又拿出我的作品集《最是人间留不住》，请先生为我的女儿陈菡写一句话。

"女儿多大了？"先生问。

"23岁。"我说。

"那就可以称她为女士啦。"先生说。然后，先生在书的扉页写下："陈菡女士正：好好读你爸的书，幸福一辈子！平凹。2019年11月25日于西安。"

然后，我们一一和先生单独合影留念。知道先生有轻微感冒，我们提出告辞。先生轻轻地说："还坐会儿吧，早着哩。"我们又坐了下来。先生走进里屋，端出了几个柿子，说："来，来吃柿子，正宗的我老家乡下的柿子。"我们推辞，先生却拿着柿子，一个一个地发到我们的手上。

吃完柿子，我又"得寸进尺"了。我坐在先生身边，说："贾老师您是中国作协副主席，我是中国作协会员，您是我的领导，我有个不情之请。"

"那说啊，我们的关系近着呢。"先生说，语气有些急。

"我准备出版新的长篇小说，篇名叫'第一中学'，是教育题材的。请您帮我题写书名，可以吗?"我小声地说。

"当然可以。"先生说着，拿出了笔，在我准备好的纸上，竖着写下了"第一中学"四个大字，左边竖着写下他的名字"平凹"。他又对我说："写长篇啊，不能急。要先有大框架，要用心走访得到一些资料。急了，长篇就长不了了。"先生的声音不大，但我听得清清楚楚。这不就是最基本的长篇写作经验吗?我在心里真诚地感谢先生，他就在这不经意间传授给我文学创作的方法。于文学后辈的我，这是最大的鼓励，是最有效的鞭策。我一定铭记先生的话，拿起手中的笔，不停地写下去。

我们担心打扰先生，又提出告辞。先生说："那再看一看我的书房吧。"于是我们跟着贾老师进到他的书房。先生走在我的前边，他摁亮了书房的灯。书房最里边是他的书桌，摆放着纸和笔。书房

只留下了一条路，其余的空地上全部是先生淘来的宝贝，比客厅里的更多。我小声地问先生："您如今还时常到古玩市场转转吧?"

"如今基本不去啦，精力不够了，金钱也不够了。"说着，先生笑了。我们也笑了。

先生将我们送到门外。同行的女士和先生轻轻拥抱道别，先生拉住我的手说："我们两个，就不拥抱了啊。"

我们一齐哈哈大笑。我们进了电梯，先生还看着我们，对着我们挥手。